ZENTA MAURINA / MOSAIK DES HERZENS

ZENTA MAURINA

MOSAIK DES HERZENS

Essays

MAXIMILIAN DIETRICH VERLAG
MEMMINGEN/ALLGÄU

ISBN 3 87164 051 4
©1947 by Maximilian Dietrich Verlag, Memmingen/Allgäu
15. Auflage 1984, 101–110. Tausend
Alle Rechte vorbehalten
Printed in Germany
Gesamtherstellung: Sellier Druck GmbH, Freising

VORWORT
zur achten Auflage

Keines meiner Bücher hat einen so lebhaften Widerhall gefunden wie „Mosaik des Herzens".

Nachdem die erste Auflage erschienen war, erhielt ich innerhalb kurzer Zeit etwa hundert Briefe, die ich in einer Mappe sammelte und zum größten Teil beantwortete. Bald aber wurde die Flut der Briefe so groß, daß eine direkte Beantwortung nicht mehr möglich war; indirekt habe ich für dieses Echo in meinen weiteren Büchern gedankt. Das Schöne und Erhebende an diesem Widerhall, der aus allen Teilen Deutschlands, aber auch aus den skandinavischen Ländern, Holland, England und Amerika kam, bestand darin, daß die Schreibenden allen sozialen Schichten und Lebensstufen angehörten. Da waren ganz junge Leser und solche mit silbernem Haar, Künstler, Menschen humanistischer und praktischer Berufe, auch einige Mönche waren darunter.

Der Inhalt dieser Briefe war ein anschaulicher Beweis dafür, daß das, was die Menschen verbindet, stärker ist als das, was sie trennt, und daß weder Krieg noch Revolution die Seele im Menschen zu töten vermochten. Später einmal will ich die Briefe meiner Leser ordnen und herausgeben, als Gegenbeweis für die Behauptung, daß unsere Zeit nur aus einer glitzernden Oberfläche und einem nihilistischen, verfaulten Kern bestand und daß der repräsentative Mensch dieser Zeit der homo oeconomicus gewesen sei.

Fraglos waren die dreißiger und vierziger Jahre eine Epoche des Hasses und der Zerstörung, in der die Men-

schen zu Ratten herabgewürdigt wurden. Doch einzelne haben es auch in der Finsternis der Hölle verstanden, Mensch zu sein. Die heiligen Taten und der Edelsinn unserer Zeit wurden durch Gewalt, Banalität und durch den dichten Nebelvorhang des Alltags verdeckt, aber sie sind da, wie auch Gott da ist, nur sieht der Mensch zu viel und infolgedessen ist sein Herz für das Geheimnisvolle erblindet.

Doch warum sollte die Menschheit die aktive Schaffenskraft, die sie im Bösen und im Haß aufgebracht hat, nicht auch im Guten und in der Liebe aufbringen? Auch das Gute steckt an, aber freilich ist seine Ansteckungsmacht nicht so groß wie die des Bösen. Würde man aber nur annähernd das, was man zur Vervollkommnung der Maschine getan hat, für den Menschen tun, so gäbe es kaum noch jemand, der an der Sinnlosigkeit und untragbaren Last des Lebens verzweifeln würde.

Dieses Büchlein schrieb ich vor vierzehn Jahren, als der Tod mir über die Schulter schaute, und als der Krieg alles, was ich in 25 Jahren mühsam erkämpft und aufgebaut hatte, zu Schutt und Asche einstampfte. Heute habe ich den Luxus einer eigenen Wohnung und kann beim Schreiben mitunter meinen Blick zur makellos weißen, im Silberreif leuchtenden Birke, die zwischen den Dächern und Mauern emporragt, hinlenken. Doch heute wie je weiß ich, daß Glück nichts Äußeres ist, sondern ein leises Singen der Seele, wie das zauberhaft stille Andante am Schluß der Beethoven'schen E-dur-Sonate op. 109. Die Tragödie des Menschen besteht darin, daß er zu geräuschvoll lebt, um dieses leise Singen zu vernehmen, und daß er die Hand nicht findet, die alles Leid wägt.

Wenn ich nunmehr der siebten Auflage meiner Meditationen das Geleit gebe, so muß ich gestehen, daß der mystische Trieb, der zu den menschlichen Urtrieben ge-

hört, in diesem Buch nur keimhaft enthalten ist und erst in meinen späteren Werken zu seiner vollen Entfaltung kommt.

Die neue Auflage von „Mosaik des Herzens" übergebe ich meinen Lesern mit einem tiefen Gefühl der Dankbarkeit: jeder Widerhall war ein Sandkorn zur Insel im Ozean der Fremde, der mich, als ich noch entrechtet umherirrte, zu verschlingen drohte.

Uppsala — Exil, 1961.

Zenta Maurina

WURZELN DER KULTUR:
EHRFURCHT UND MITLEID

Seit ich angefangen habe, bewußt zu leben, läßt eine Frage mir keine Ruhe: Was unterscheidet den Menschen vom Tier? Denn unheimlich ist mir von jeher die Ähnlichkeit des Menschen mit dem Tier gewesen.

Große Umwälzungen, Kriege und Revolutionen entblößen den Menschen; seine Größe wie seine Jämmerlichkeit treten in Zeiten des Elends und der Not nackt hervor. In Tagen der Entscheidung erheben sich Helden von übermenschlicher Größe. Aber in banger Nähe mit dem Heldentum sprießen Geilheit und Bosheit so verzerrt und häßlich, daß es bisweilen scheint, als blätterten wir nicht im Lebensbuch, sondern in den Capriccios von Goya, wo die Nonne Hexengestalt annimmt, der Mönch zum Wüstling wird, und Esel, Schweine und Böcke von Menschen kaum zu unterscheiden sind. „Der Mensch ist im Grunde ein wildes, entsetzliches Tier. Wir kennen es bloß im Zustand der Bändigung und Zähmung, welche Zivilisation heißt", sagt Schopenhauer, und er bezeichnet den Menschen als das einzige Wesen, das seinen Brüdern grundlos, ohne Notwendigkeit, Schmerz verursacht. Kein Tier quält, bloß um zu quälen; der Mensch aber tut dies, und es macht seinen teuflischen Charakter aus, der schlimmer ist als der tierische. Die Tiere wären tief beleidigt, verstünden sie die Sprache der Menschen und wüßten sie, daß wir unsere unverantwortlichsten Handlungen mit dem Wort „tierisch" bezeichnen. Darum will ich in diesem Sinne nicht das Wort „tierisch", sondern „bestialisch" gebrauchen. Ganz gleich, in welchem Jahrhundert und in welcher Nation ein Menschenkenner geboren ist, spricht er über das Wesen des Menschen, so klingt im Unterton das Wort der Bibel mit: Das Dichten und Trachten der Menschen war böse von Jugend auf. Sophokles, dessen Weisheit die Glut von zweitausend Jahren geläutert hat, weiß uns zu sagen, daß beim Durchwühlen der tiefsten Seelenschichten sich unserem Auge immer etwas Böses enthüllt. Cervantes, der Verfechter des ritterlichen Menschen, sagt in seiner Meisternovelle über die zwei philosophierenden Hunde:

„Der Trieb des Bösen ist uns eingeboren, deshalb fällt es uns nicht schwer, schlecht zu sein."

Und doch: trotz der Bosheit und der Dunkelheit, die der Mensch in sich trägt, ist nur im Menschen und durch den Menschen der Segen der Kultur möglich. Und ich frage mich: welches sind die Urwurzeln des Baumes, in dessen zur Sonne emporstrebendem Gezweig sich die herrlichen Gebilde der Kunst, Wissenschaft und Religion, der Liebe und Freundschaft wiegen?

Nach den Urwurzeln der Kultur forschend, bin ich, in meiner Heimat und fern von ihr, bei den Heroen des Geistes zu Gast gewesen. Eine Zeitlang war ich im Banne des christlichen Mystikers Pascal, der, den Gedanken Plotins fortsetzend, als Leitmotiv seiner inbrünstigen Philosophie den Satz prägte: „Der Mensch ist ein denkendes Schilfrohr." Hinfällig, zerbrechlich wie das schwankende Gewächs, erhebt er sich über die ganze Natur durch seine Fähigkeit zu denken. Mich berauschte die Erkenntnis Pascals:

„La pensée fait la grandeur de l'homme."

Doch nicht lange vermochte ich in der vom asketischen Rausch erfüllten Welt Pascals zu verweilen. Wenn auch der Gedanke, die Fähigkeit, sich seines Zustandes bewußt zu sein, den Menschen von allen übrigen Geschöpfen unterscheidet, so besitzt der Gedanke an sich noch nicht veredelnde Kraft. Der Gedanke vermag göttlicher, doch er vermag auch teuflischer Natur zu sein. Einer der gewandtesten Denker ist zweifellos Mephisto, und die Quintessenz seiner Weltanschauung heißt: „Alles was entsteht, ist wert, daß es zugrunde geht." Er ist der höchste Gipfel der kalten, alles übersehenden, alles berechnenden Vernunft, und zu gleicher Zeit — ihre Verhöhnung. Seine Fähigkeit, treffende Urteile zu fällen, ist schwer zu überbieten; sagt er doch, daß der Mensch das himmlische Licht, die Vernunft brauche, um tierischer als jedes Tier zu sein. Die rationalistische Entwicklung eines Menschen steigert seine Gedankentechnik, in keinem Falle aber seinen ethischen Wert.

Indem ich mich vom bunten Geflimmer des Lebens mit seinen Widersprüchen abwandte und absolute Wahrheit suchte, schloß ich mich in das Kloster des russischen Mystikers Solowjew ein, der den Menschen „ein sich schämendes Tier" nennt. Nach ihm ist das Gefühl der Scham nur dem Menschen bekannt, und wichtig ist nicht, daß er sich schämt, sondern wovor er sich schämt. Der Mensch Solowjews schämt sich seines tierischen Ursprungs, all jener biologischen Funktionen, die sich durch nichts vom Tier unterscheiden. Dieses Schamgefühl erhebt ihn über seine tierische Natur. Solowjews Einsichten sind tief, doch sie verneinen das Seiende, das Naturhafte; sie entrücken den Menschen der Erde und machen ihn zum Verächter des Leibes. Das Leben selbst wird zur Sünde und das von Solowjew beanspruchte Gefühl der Scham entwickelt im Menschen einen der gefährlichsten Bazillen: den der Minderwertigkeit.

Ich verließ das esoterische Kloster Solowjews, bereichert und — niedergedrückt, und suchte vor den Mystikern Rettung beim nüchternsten aller Philosophen — dem Riesen von Königsberg. Für Kant ist das unterscheidende

Kennzeichen des Menschen — die Würde. In der Philosophie Kants hat jedes Ding seinen Preis, der Mensch allein hat seine Würde. In der Grundlegung der Metaphysik der Sitten heißt es: „Was einen Preis hat, an dessen Stelle kann auch etwas anderes als Äquivalent gesetzt werden: was dagegen über allen Preis erhaben ist — das hat seine Würde." Wie sehr dieser Gedanke im ersten Augenblick fesselt, so wenig befriedigt er auf die Dauer. Kant begründet die Würde des Menschen in seiner Moralität, und die Moralität — in seiner Würde. Solange wir in der Welt Kants bleiben, ist es nicht möglich, diesem Zirkelschluß zu entschlüpfen.

Als ich bei den Denkern Europas keine Antwort fand, besuchte ich im Geiste die indischen Philosophen. Die hehre Stille Ramakrischnas tat mir wohl, ebenso die mit Energie geladene Vitalität Vivekanandas. Bewundernswert ist für den europäischen Menschen die indische Weisheit, doch ihrem Wesen nach ist sie uns fremd. Beim europäischen Chinesen Lin-Ju-Tang versuchte ich die Weisheit des lächelnden Lebens zu erlernen; doch wie sehr ich mich auch mühte, ich vermochte nicht über alles zu lächeln: zu gewaltig ist der Schmerz in meiner Heimat. Ich staunte über den Wirklichkeitssinn der Amerikaner und vertiefte mich in die Bücher des vornehmen Skeptikers Santayana. Für diesen Dichterphilosophen gibt es weder Gott noch Teufel, er betet das Schöne an. Doch jedes Ästhetentum führt zum Pessimismus, und so kommt auch Santayana zur Erkenntnis, daß alles in der Welt nur Schein, nur Illusion sei.

Nachdem ich in der Alten und Neuen Welt vergebens eine Antwort auf die mich quälende Frage gesucht hatte, kehrte ich in meine Heimat zurück und versenkte mich in das Studium der altlettischen Volkslieder, der sogenannten Dainas; und es umfing mich eine mild wärmende, jahrhunderte-, ja jahrtausendealte heliozentrische Kraft.

Das lettische Volk, eines der ältesten indo-europäischen Völker, besitzt den größten Reichtum an Volksliedern. In sechzigtausend kleinen, sonnendurchwebten, von der Idee des Guten und Schönen durchstrahlten Vierzeilern spiegelt sich die Idee des lettischen Volkes wie in den Upanischaden die Seele des indischen Volkes. Der alte Lette kennt gleich dem alten Griechen keine Trennung der ethischen und ästhetischen Begriffe: das Schöne ist für ihn auch das Gute und umgekehrt, etwas Gutes, das häßlich ist, kann er sich einfach nicht vorstellen. Der lettische Teufel ist das häßlichste und dümmste Geschöpf, das man sich nur denken kann. Einen schönen Dämon, wie ihn die slawische Phantasie schildert, kennt der Lette nicht. Der alte Grieche bezeichnete das „Schöngute" mit dem Wort Kalokagathia, der Lette mit dem Eigenschaftswort „weiß". Weiß ist der liebe Gott, weiß ist die Mutter, weiß sind die glücklichen Tage, weiß ist die Blume der Sehnsucht. Durch die großen Systeme der Philosophen ermüdet, erquickten mich die schlichten Einsichten, die sonnendurchwärmte Weltschau des anonymen Volkslied-Sängers: kein Baumeister einer Kathedrale, ganz gleich, ob er ein Stein- oder ein Wortkunstwerk schafft, kann dem Bösen untertan sein. Gott schuf den Menschen dem Tiere ähnlich, doch in seine Brust hauchte er den göttlichen Atem. Und nun ruht in allen vom Menschenherz geformten Gebilden und Gebäuden — Ehrfurcht und Mitleid. Nicht aus dem Intellekt, aus dem Herzen stammt alles edle Ansinnen.

Versuchen wir deshalb, über das Wesen des Mitleids und der Ehrfurcht uns klarzuwerden.

Ehrfurcht wurzelt im Glauben, daß uns Menschen eine göttliche Kraft innewohnt, die alle verbindet und der sich alle unterwerfen müssen. Ehrfurcht ist das Eigentum feinbesaiteter Seelen. Wer es besitzt, versteht schweigend zu verehren, und er weiß, daß die tiefsten Dinge nicht in Worten auszudrücken und die teuersten nicht für Geld zu haben sind. Auch dem allseitig geschliffenen Verstand bleibt ein Teil der Welt verschlossen: das Geheimnis des Lebens und des Todes; das Geheimnis der Liebe ist durch die Vernunft nicht zu lösen, nur im ehrfürchtigen Schweigen läßt es sich erahnen.

Das Tier kennt Furcht, der Mensch allein — Ehrfurcht. In Furcht zittert das Tier vor der Strafe, vor jeder bekannten und unbekannten Macht; in Ehrfurcht hält der Mensch den Atem an vor dem Urwunder. Die Stimmung der Ehrfurcht ist feierlich freudiger Ernst. Symbolisch drückt sie sich im Neigen des Kopfes, ihr Gegensatz im Achselzucken aus.

Ehrfurcht ist von Respekt zu unterscheiden. Autoritäten und Gesetze flößen Respekt ein, Ehrfurcht keimt im Herzen, und nur die eigenmächtige Persönlichkeit kennt sie. Durch Befehl ist sie nicht zu erzwingen; er wäre ebenso unsinnig wie ein Befehl zur Liebe. Ehrfurcht wird aus dem Erlebnis des Heiligen hergeleitet; sie befreit uns von der Hohlheit täglicher Gebräuche. Schwindet sie, so entstehen Chaos und Nihilismus. Ehrfurcht ist das Gehör für heilige Dinge und in gewissem Sinne dem musikalischen Gehör vergleichbar: in einem latenten Stadium ist es vielen angeboren, durch Pflege ist es zu entwickeln, in roher Umgebung verkümmert es, doch wer es im Keime nicht besitzt, dem kann es niemand einimpfen.

Es gibt Menschen, die mit dem Gefühl der Ehrfurcht zur Welt kommen, viele aber sterben, ohne es je gekannt zu haben. Jenen ist das Verlangen angeboren, die Hände zum Gebet zu falten, diese fühlen den unabweisbaren Drang, die Hand zur Faust zu ballen. Es gibt Menschen, die keine höhere Schule absolviert haben und dennoch wissen, daß man an heiligen Gedenkstätten sich nicht über Fragen der Börse unterhält; und wiederum solche, die eine Reihe von hohen Orden ziert und trotzdem fähig sind, an Altarkerzen ihre Zigarre anzuzünden — wenn es nur niemand sieht!

Das Gefühl der Ehrfurcht ist der Gegensatz zum Nützlichkeitsprinzip. Wer beim Prinzip der Nützlichkeit verharrt, wird niemals einsehen, warum die an Werktagen leeren Kirchen nicht zu Speisehäusern und die weiten Friedhöfe nicht zu sportlichen Veranstaltungen ausgenutzt werden können. Kultur wurzelt im Bewußtsein, daß es Dinge gibt, die nicht nützlich und dennoch unentbehrlich sind. Wird nur das Nützliche gepflegt und gefördert, so wird der Grundstein der Kultur ausgehöhlt. Eine griechische Vase bewahrt man über Jahrtausende behutsam auf, obwohl sie zum Suppekochen nicht taugt, und ein Freiheitsdenkmal ist unantastbar, auch wenn es an Baumaterial für Wohnhäuser mangelt.

Die Natur verteilt ihre Gaben ungerecht; der Sinn der Kultur ist es, daß die von der Natur weniger reich Beschenkten die kostbaren Gaben der Bevorzugten und Begnadeten schützen und schirmen. Helden schenkt uns die Natur, Heldenverehrung ist die Aufgabe des ehrfürchtigen Menschen.

Will man das kulturelle Niveau einer Gesellschaft oder eines Menschen feststellen, so genügt es, nachzuforschen, wie er sich zu alten Menschen verhält. Der Kulturmensch hat eine Vorliebe nicht nur für altes Silber, sondern auch für Wesen, deren Haar von Silberfäden durchzogen ist. Einer der ältesten Kulturstaaten der Welt ist China, und ein Kennzeichen chinesischer Kultur — wenn man Lin-Ju-Tang glauben darf — die ausgesprochene Verehrung für alte Menschen. Wie der europäische Mensch eine besondere Hochachtung vor alten Kirchen hegt, so der chinesische vor alten Menschen. Und im Gegensatz zu den Chinesen lebt in Mittelasien eines der primitivsten Völker, das die alten Menschen im Winter auf einen Schlitten bindet und in den Wald fährt.

Und wir in Europa? ... Sind wir gezwungen, durch ein Land zu reisen oder vorübergehend in einem Staat uns aufzuhalten, wo man auf der Straße oder bei öffentlichen Veranstaltungen keine alten Menschen sieht, beschleicht uns ein Gefühl der Bangigkeit und des Entsetzens. Die hohe kulturelle Stufe von Galsworthys Forsyte-Menschen wird trotz all ihrer Borniertheit und ihrer Verschrobenheiten dadurch klargestellt, daß in dieser Sippe alte Menschen eine große und vornehme Rolle spielen.

Der ehrfürchtige Mensch ist stark, dankbar und treu. Der Schwache fürchtet, daß er beim Neigen des Hauptes stolpern oder gar fallen könnte; beugt er das Knie, so meist nur, um Sand in die Hand zu nehmen, den er dem Heroen des Geistes in die Augen streut. Der Starke weiß, daß wahrhaft empfundene Huldigungen emporheben. Das Große und Schöne ist für den Ehrfürchtigen nicht etwas Selbstverständliches, sondern ein unverdientes Gnadengeschenk. Der Ritter Don Quichotte entbrennt vor Dankbarkeit beim Anblick schöner Frauen, beim Erlebnis der Gastfreundschaft und göttlicher Gnade; die Knechtsseele Sancho Pansa und seine ganze Sippe, der kannibalische, das Wort zum Fluch herabwürdigende Kaliban, der Gegenpol des weißen Magiers Prospero, weiß nichts von Dankbarkeit. Oder wer würde in dem feisten Geschlecht Sancho Pansas Ehrfurcht vermuten? Ehrfurcht ist mit

Treue verbunden. Treue aber ist die Fähigkeit, sich an Menschen und Dinge auch dann zu halten, wenn es unvorteilhaft oder gar gefahrbringend ist. Nur so erfüllt sich göttlicher Sinn im menschlichen Leben. Don Juan liebte ohne Ehrfurcht und daher war er auch seinem innersten Wesen nach treulos.

Versuchen wir nun, in das Kerngehäuse des Mitleids einzudringen. Wenn es irgendeine Pforte gibt, durch die wir ins Innere des Menschen eingehen können, so heißt diese Pforte: *Mitleid*.

Im Mitleid eröffnet sich uns die Seele unseres Nächsten wie eine Knospe in der Sonne. Mitleiden schafft einen unsichtbaren Leitungsdraht, der die Erlebnisse unserer Mitmenschen unmittelbar zu uns herüberleitet. Mitleiden bereichert uns mit psychologischen Erkenntnissen, mehr als die präzisesten Beobachtungen und wissenschaftlichen Experimente. Schmerz ist das verbindende Band aller Lebenden. Ehe man über einen Menschen ein Urteil fällt, sollte man sich immer fragen, was er gelitten, wieviel schlaflose Nächte er verbracht, worüber er die heißesten Tränen vergossen. Offenbart sich mir das Leid meines Mitmenschen, so tritt an Stelle kalter Gleichgültigkeit Verständnis, und die Wand, die auch die nächsten Menschen voneinander trennt, bricht zusammen.

Mitleid ist von Rührseligkeit und Wehleidigkeit zu unterscheiden. Der Wehleidige wird beim Anblick von Wunden und Blut ohnmächtig, der Mitleidende beugt sich über den Kranken und pflegt ihn, der Gefahr der Ansteckung trotzend. Der Rührselige weint in einem Rembrandt-Film, in dem die Lebenstragödie des Meisters zur Unterhaltung herabgewürdigt wird. Nach Hause zurückgekehrt, verschließt er die Türe seines Hauses und

Herzens, auf daß der hungrige Wanderer seinen reichgedeckten Tisch nicht sehe und seine Behaglichkeit nicht störe.

Die Natur kennt kein Mitleid. Um eines kranken Kameraden willen entsagen die Vögel nicht ihrem Flug nach dem Süden. Bengt Berg, der herbfrische Naturdichter, weiß nur von einer einzigen Gänsemutter zu berichten, die aus Liebe zu ihrem kranken Gatten, mit dem sie einen glücklichen Sommer verlebt hat, dem Flug nach dem Süden entsagt. Und Bengt Berg hat das Leben unzähliger Vögel beobachtet, er liebt seine gefiederten Freunde mehr als die Menschen, mit denen es so gefährlich ist zusammenzuleben.

Die Natur kennt weder Verehrung noch Rücksichtnahme noch Selbstentäußerung. Maeterlinck weiß interessante Beispiele von der Grausamkeit der Bienen zu erzählen. Kehrt eine Arbeitsbiene so versehrt in den Bienenstock zurück, daß sie zur Arbeit nicht mehr taugt, wird sie von den anderen Bienen aus ihrer Heimat vertrieben. Haben die Drohnen ihre Pflicht erfüllt, die Königin befruchtet, so werden sie von ihren Geschwistern, mit denen sie in einem Hause aufgewachsen sind, kaltblütig und systematisch hingemordet. Das ist die Ethik der Bienen. Und von den Ameisen berichtet Maeterlinck ähnliches. Droht dem Ameisenhaufen Gefahr, wird Alarm geschlagen: von allen Seiten eilen Ameisen herbei, um zu retten, was noch zu retten ist. Treffen sie auf ihrem Weg eine kranke oder tote Ameise, so steigen sie über sie hinweg, als wäre es ein Strohhalm. Das ist die Ethik des lykurgischen Ameisenstaates.

Eines der edelsten Tiere ist der Hund, den Dichter und Philosophen — Cervantes, Unamuno, Schopenhauer, Galsworthy, Munthe und viele andere — idealisiert haben; und doch: der Hund bemerkt sofort, ob sein Herr eine

Peitsche oder eine Wurst in der Hand hat, ob der Herr sich zur Ruhe begibt oder zum Ausgehen ankleidet; aber das Trauerkleid an seinem Herrn bemerkt er nicht, denn letzteres bedroht nicht sein Wohlbefinden. Je primitiver der Mensch, desto mehr ähnelt er der Biene, der Ameise oder dem Hund. In seiner seelischen Entwicklung zurückgeblieben, geistig beschränkt, spürt er nur seinen eigenen Schmerz, seine eigene Lust, alles andere ist für ihn ein interessantes oder langweiliges Unterhaltungsthema:

> Nichts Bessers weiß ich mir an Sonn- und Feiertagen,
> Als ein Gespräch von Krieg und Kriegsgeschrei,
> Wenn hinten, weit, in der Türkei
> Die Völker aufeinander schlagen.
> Man steht am Fenster, trinkt sein Gläschen aus
> Und sieht den Fluß hinab die bunten Schiffe gleiten;
> Dann kehrt man abends froh nach Haus,
> Und segnet Fried und Friedenszeiten.
> — — — — — — — — — — —
> Sie mögen sich die Köpfe spalten,
> Mag alles durch einander gehn;
> Doch nur zu Hause bleibs beim alten.
> (Goethe, Faust, I. Teil)

Gegen diese Engstirnigkeit, gegen dieses Spießbürgertum und diese seelische Harthörigkeit erklingt Fausts Fanfare: „Der Menschheit ganzer Jammer faßt mich an." Und wie ein Echo erklingen die Worte des lettischen Klassikers Rainis: „Ein Teil der Welt bin ich, verantwortlich für alles." Der Durchschnittsmensch hat im besten Fall ein Mitgefühl für seine Familie, seine Freunde und Nachbarn, und je mehr er sich vom Vier- und Sechsfüßler entfernt, desto schärfer ist dieser Schmerz. Der Dichter, ganz gleich ob er in Farben oder Tönen gestaltet, leidet wie an einer schwelenden Wunde an den Heimsuchungen seines Volkes; in wessen Brust aber „der Menschheit Jammer" Widerhall findet, der ist wahrhaft ein Genie.

Die Fähigkeit mitzuleiden unterscheidet den Menschen von allen Wesen der Natur, allein nicht jeder Mensch vermag Mitleid zu empfinden.

Welches sind nun die Wesenszüge des mitleidenden Menschen?

Vor allem ist er tatkräftig. Der passive und schwache Charakter vermag nicht am Erleben seiner Mitmenschen teilzunehmen. Man muß stark sein, um gegen den mächtigsten Weltenherrscher, das Leid, Krieg zu führen.

Die Heroen des Geistes, die großen Rufer der Menschlichkeit, gingen um ihrer Überzeugung willen in Verbannung und Kerker. Am 13. September 1934 schreibt Unamuno an den spanischen König einen Brief und bittet ihn, das Todesurteil abzuschaffen, auf daß es in Spanien keine Henker mehr gäbe. Er, vor dessen glühender Menschenliebe sich nicht nur sein Volk, sondern ganz Europa hätte neigen müssen, ertrug mehrfach Verbannung und starb so einsam wie kaum ein anderer Mensch in der Epoche zwischen den beiden Weltkriegen. Die großen Ärzte, die Wohltäter der Menschheit, haben zu allen Zeiten leuchtende Beispiele der Selbstentäußerung und Aufopferung gegeben. Der Eremit von San Michele, der schwedische Arzt und Dichter Axel Munthe, flieht, von persönlichem Liebesgram gepeinigt, bis an den Rand Europas, nach Lappland. Doch als die Kunde von der Cholera-Epidemie in Neapel ihn erreicht, da reist er Hals über Kopf zu den Kranken im Armenviertel, um sie zu heilen und zu retten.

Salbungsvolles Bedauern und Jammern erniedrigt. Das einzig wahre Mitleid ist die Tat. Und das Höchste — ein bewunderndes Mitleid. Nur ein phantasiebegabtes Wesen vermag mitzuleiden. Nur die von Phantasie beschwingte Seele erschauert bis ins Tiefste auch von dem Leid, das sie selbst nicht erfahren hat. Der phantasielose Mensch übersieht bestenfalls die Ereignisse seines eigenen Lebens. Phantasielosigkeit ist Kurzsichtigkeit der Seele. Der Phantasiebegabte besitzt ein Fernrohr, mit dem er Welten erforscht, in denen er nie gewesen. Phantasielosigkeit ist nur ein anderes Wort für Trägheit und Dürre des Herzens; man ist zu faul und zu bequem, um sich das Leid der Fern- und Nahwelt vorzustellen. Die Grausamkeiten unserer Zeit sind zum größten Teil auf Phantasielosigkeit zurückzuführen. Könnte ein Herrscher all das Leid, das durch den Krieg entsteht, voraussehen und empfinden, es käme wohl nie mehr zum Kriege. Die einseitige intellektualistische Einstellung der letzten Jahrzehnte hat die Phantasie getötet, unser Leben verödet und die Beziehungen von Mensch zu Mensch bis zur Notdurft herabgewürdigt.

Reißt ein Kind einer Fliege die Beine aus, wird es von seinen Eltern bestraft. Wenn Erwachsene ihren Mitmenschen, die sich nicht verteidigen können, Hände und Füße abschlagen, dann schweigt man darüber oder nennt es eine Form der Regierung. Aus allzu träger Vorstellungskraft versteht der Reiche nicht den Armen, der Satte nicht den Hungrigen, der Gesunde nicht den Kranken, und wahrlich: eher wird ein Kamel durch ein Nadelöhr gehen, als ein Beheimateter einen Heimatlosen verstehen. Ohne die Flügel der Phantasie, die für den guten Astronomen ebenso notwendig sind wie für den Dichter, Staatsmann und guten Koch, wird das Leben in grämlicher Unfruchtbarkeit dahinsiechen. Weil das Tier keine Phantasie kennt, kann es kein Mitleid empfinden. Der wahrhaft mildtätige und barmherzige Mensch ist ein phantasiebegabtes Wesen.

Mitleid ist der Lebensnerv der christlichen Religion, der Religion der Liebe; doch der Kult des Mitleids ist älter als sie. Ein wahrhaft christlicher Mensch ist ohne

Mitleid nicht denkbar, dagegen ein gütig-edler, mitleidender Mensch auch außerhalb des Christentums. Wann und wo immer der Baum der Kultur seinen Schatten ausbreitet, überall sind seine Wurzeln die gleichen. Zu den fünf Grundtugenden der alten Chinesen — um nur ein Beispiel aus einem ganz anderen Kontinent anzuführen — gehört das Mitleid. Das Symbol des Uranfangs europäischer Kultur ist der „Prometheus" des Äschylos; sagt er doch von sich: „Der Menschheit Künste sind Prometheus' Werke." Er brachte Licht in die Seele und in die Behausung der Menschen, erweckte seinen Geist vom Schlummer und all dies tat er, weil er — Mitleid mit den Menschen hegte. Als der Zorn des Zeus ihn an den Felsen des Schmerzes schmiedet, da verhärtet sich nicht sein Herz: ihn dauert des Bruders Atlas Los und Typhons hartes Schicksal. Er leidet mit allen vom Schmerz Heimgesuchten und das Mitleid der Okeaniden tut ihm wohl. Im „Prometheus" des Äschylos, der Tragödie des ersten Kulturträgers, rauscht Mitleid in kosmischen Wellen empor. Im Angesichte seines Schicksals brüllt das Meer und des Hades schwarzer Erdenschlund, und „alle heiligen Stromschnellen weinen voll Mitleid seinem Weh". Äschylos, der glühende Patriot, der ruhmreiche Kämpfer von Salamis, war so groß, daß er in seinen „Persern" Mitleid für den zerschmetterten Feind zu wecken versuchte, und die Griechen fühlten sich damals auch innerlich so stark und geläutert, daß sie Äschylos für die „Perser" den ersten Preis zuerkannten.

Die Griechen besingen in ihren Epen schauerliche Bluttaten, doch die Grausamkeit an sich wird nirgends gerühmt. In Plutarchs Moralien lesen wir, daß selbst ein treues Zugtier in seinen alten Tagen das Gnadenbrot verdient. Und Plutarch war doch wahrhaftig nicht sentimental.

Noch mehr als die griechischen Beispiele des Mitleids setzen uns die römischen in Erstaunen. War doch der Römer das Vorbild des tapferen Kriegers und Rom das Sinnbild des Imperiums! Dennoch: der rauhe Krieger Gajus Marius Coriolan entsagt der Rache und dem Sieg, weil er die Tränen der Mütter nicht ertragen kann. Diese Episode ist wohl nur eine Legende, aber eines ist sicher: aus unserer Zeit werden solche Legenden nicht überliefert werden! Zur Zeit Neros schreibt Seneca seine „Moralischen Briefe" an Lucilius: er ermahnte seinen Freund, daß man nie vergessen dürfe, daß auch Sklaven Menschen seien. Nie dürfe man sagen: es sind nur Sklaven! Immer müsse man sagen: es sind Mitsklaven, denn das Schicksal hat über alle Menschen die gleiche Macht, alle ohne Ausnahme sind dem Tode versklavt. „Willst Du nicht einmal daran denken, daß der Mensch, den Du einen Sklaven nennst, den gleichen Ursprung hat wie Du, daß sich über ihm der gleiche Himmel wölbt, daß er die gleiche Luft atmet, daß ihm das gleiche Leben, der gleiche Tod beschieden ist... Gehe so mit Deinen Untergebenen um, wie Du willst, daß ein Höherer mit Dir umgehen möge. Behandle Deinen Sklaven mild und freundlich, zieh ihn ins Gespräch, höre seinen Rat, lade ihn zu Tisch!" So schrieb Seneca zu einer Zeit, als das Halten von Sklaven eine so alltägliche Begebenheit war wie heute das Halten von Haustieren. Er schrieb seine heiter-leuchtenden Briefe in einer Epoche, die von einem Manne beherrscht wurde, dessen Name zum Symbol der Grausamkeit geworden, obwohl seine Grausamkeit durch unsere Zeit längst übertroffen ist.

Der Strom der Grausamkeiten wälzt sich eisig tobend durch das Weltall hin und würde schon das ganze Menschengeschlecht verschlungen haben, wenn nicht von Zeit zu Zeit ein Mann oder eine Frau erstünde, die mit ihrem

Leben und Werk einen Wall gegen die wilde Flut bilden. Daß der Heros des Geistes sich von diesem Strom nicht mitreißen läßt, macht seine Größe und auch seine Einsamkeit aus.

Alle Dichter und Philosophen, wie überhaupt alle Menschen, die im Schatten des Kulturbaumes leben, kann man in zwei Gruppen einteilen, je nachdem, ob in ihrem Herzen die Notwendigkeit zu verehren oder zu schützen und schirmen stärker entwickelt ist. Jene sind die Ehrfürchtigen, diese die Mitleidenden.

Im lettischen Herzen ist Ehrfurcht von Mitleid schwer zu trennen. In unseren Volksliedern neigt der anonyme Sänger das Haupt vor dem gütigen Sämann, dem weißen lieben Gott, dem Beschützer aller lauteren Herzen, vor der Schicksalsgöttin Laima und vor allem: vor der Sonne, deren Allgüte nur mit der in unzähligen Liedern besungenen Liebe der Mutter zu vergleichen ist. Kennzeichnend jedoch ist dabei, daß die Distanz zwischen dem Ehrfürchtigen und dem Objekt der Ehrfurcht keine allzu große ist. Es gibt wohl kaum noch ein Volk, das sich seinem Gott in so brüderlicher Zutraulichkeit naht. Im Lettischen wird der liebe Gott und die Sonne im Diminutiv angeredet: Gottchen, Sonnchen! Der Gott der alten Letten thront nicht über den Menschen in unerreichbarer Höhe, er spricht nicht zu ihnen aus einem brennenden Busch; barfuß geht er leise über die Erde, segnet die keimende Saat und bleibt am Fenster stehen, um zu erfahren, was die Menschen über ihn reden.

In der schwarzen Nacht der lettischen Geschichte ist die karitative Liebe wie eine weiße, wundersam duftende Blume im Dunkel des Waldes erblüht. Jubelnd singt der Wanderer vom silbrig-weißen Birkenhain, durch den er selig wandert, ohne auch nur einen Ast zu brechen, ohne auch nur ein Blatt zu pflücken. Hier spürt man die stille Ehrfurcht vor der Natur, vor allen lebenden Wesen, denen weh zu tun Sünde ist. Und so wird aus Ehrfurcht Mitleid. Ein unerhört verfeinertes ethisches Empfinden spricht aus allen diesen Liedern, die den Schmerz des Grashalms und blühenden Klees besingen, den tölpelhafte Füße niedertreten, oder das Lied vom Maikäfer, dem kleinen nutzlosen Wesen, das gedankenlose Hände ins Wasser werfen. Und die zarten wehmütigen Lieder von den Waisenkindern, die der anonyme Sänger durch die schönsten Epitheta und Metaphern ehrt. Die Waisen sind Sinnbild aller Schutzlosen, roher Gewalt preisgegebene Wesen, und auch das Sinnbild des ganzen, von den Großmächten wider seinen Willen in den Krieg gehetzten lettischen Volkes. Nicht nur in unseren Dainas, auch in unserer neueren Literatur erklingt das Leitmotiv: wer andere zertritt, erniedrigt sich selbst, wer andere emporhebt, erhöht sich selbst. Es ist kühn, für eine große Idee zu sterben, doch wehe dem, der um einer Idee willen seine Mitmenschen peinigt.

Wie aber steht es mit dem deutschen Mitleids- und Ehrfurchtserlebnis?

In Schopenhauers Philosophie ist Mitleid der Grundstein aller Ethik. „Das Mitleid ist ... die wahre Quelle aller echten Gerechtigkeit und Menschenliebe." Schopenhauer sieht im Menschen ein reißendes Tier, das nur auf die Möglichkeit wartet, sich auszutoben und alle, die ihm in den Weg treten, zu vernichten. Dieses wilde, reißende Tier ist nur durch die Pflege des Mitleids zu bändigen. Schopenhauer, einer der größten Meister deutscher Prosa, war stark von der indischen Philosophie beeindruckt, und seine Weltschau ist kaum als spezifisch deutsch aufzufassen. Im Gegensatz zu Schopenhauer behauptet Paulsen in seinem System der Ethik, das als Lehrbuch in deutschen und ausländischen Universitäten gilt: „Das Mitleid ist die natürliche Grundlage für die soziale Tugend, des tätigen Wohlwollens, aber keineswegs ist es selbst eine Tugend." Paulsen weist auf die Gefahren des Mitleids hin, das die Klarheit der Urteile trübe und die Sicherheit der operierenden Chirurgenhand bedrohe.

Wie groß auch die akademisch lehrhafte Bedeutung Paulsens sein mag, so muß doch, wer deutsche Weltschau kennenlernen will, beim weltumfassenden, heilsam klaren Denker, beim heilig-nüchternen Dichter, bei Goethe Einkehr halten.

Goethe erkannte im Prinzip die Todesstrafe an; eine Verherrlichung des Mitleids finden wir nirgends in seinen Schriften. Und doch, wer den Götterwert der Tränen kannte, wer seinen Doppelgänger Faust ausrufen läßt: „O wär ich nie geboren!", und wer es so wußte wie er, daß das Leben bisweilen zur Jammerknechtschaft herabsinkt, der konnte des Mitleidens nicht bar sein. Das Rückgrat seiner Kunst ist die Persönlichkeit, die weniger das Mitleid als die im „Wilhelm Meister" dargelegte vierfache Ehrfurcht kennt. Für Goethe ist die Ehrfurcht ein Gefühl, das dem Menschen anerzogen wird: „Eines bringt niemand mit auf die Welt, und doch ist es das, worauf alles ankommt, damit der Mensch nach allen Seiten hin ein Mensch sei." Und weiter heißt es über die Ehrfurcht: „Ungern entschließt sich der Mensch zur Ehrfurcht, oder vielmehr er entschließt sich nie dazu; es ist ein höherer Sinn, der seiner Natur gegeben werden muß." Am schwersten ist jene Ehrfurcht anzuerziehen, meint Goethe, die wir vor uns untergebenen Menschen empfinden sollen, und diese Art von Ehrfurcht ist ja von Mitleid kaum zu unterscheiden. Dem reinen Mitleid aber öffnet sich das Herz der Goetheschen Persönlichkeit nur schwer.

Goethe kannte Ehrfurcht vor Vergangenem wie vor Gegenwärtigem, vor eigener und fremder Volkheit. In einem Gespräch mit Eckermann tadelt er Friedrich Schlegels Aufsatz über Euripides. Euripides sei so groß, sagt er, daß, wer ihm Vorwürfe machen wolle, dies nur auf den Knien liegend tun dürfe. Von Ehrfurcht beseelt ist sein Briefwechsel mit Herder und von einer noch tieferen — seine Freundschaft mit Schiller. Welche Demut atmet sein genial lakonischer Aufsatz „Zum Shakespearetag": „Die erste Seite, die ich in ihm las, machte mich auf zeitlebens ihm eigen, und wie ich mit dem ersten Stücke fertig war, stund ich wie ein Blindgeborener, dem eine Wunderhand das Gesicht in einem Augenblick schenkt. Ich erkannte, ich fühlte aufs lebhafteste meine Existenz um eine Unendlichkeit erweitert, alles war mir neu, unbekannt, und das ungewohnte Licht machte mir Augenschmerzen... Shakespeare, mein Freund, wenn Du noch unter uns wärest, ich könnte nirgends leben als mit Dir! Wie gerne wollte ich die Nebenrolle eines Pylades spielen, wenn Du Orest wärest." Die Menschen seiner eigenen Werke scheinen ihm, im Vergleich zu Shakespeares Gestalten, „von Grillen aufgeblasen." Dieser Aufsatz ist eine wundervolle Illustration zu dem im „Wilhelm Meister" ausgesprochenen Gedanken, daß der Mensch, indem er Ehre gibt, seine eigene Ehre wahrt. Der ehrfürchtige Mensch darf sich selbst für das Beste halten, was Gott und Natur hervorgebracht haben, ohne durch Dünkel und Selbstheit ins Gemeine gezogen zu werden.

Goethe hatte ein so ausgesprochenes Gefühl für Größe, daß er selbst im Feinde Größe achtete. Seine Begegnung mit Napoleon in Erfurt nennt er den I-Punkt seines Lebens. Als am 22. April 1813 bei Körner die begeisterten Freiheitskämpfer über Napoleon herfielen, sagte der alte Goethe mit unglaublicher Gelassenheit: „Schüttelt nur an euren Ketten! Der Mann ist euch zu groß: ihr werdet sie nicht zerbrechen." Goethe kannte Ehrfurcht vor der Natur, der Kunst, dem Tode, dem Heiligtum des Schmerzes, vor dem Ich und vor dem Du, vor dem unergründlichen Schicksal, den unübertretbaren Grenzen, den lichten Mächten und dunklen Dämonen. Am stärksten aber wirkt seine durch die Stahlkraft des Geistes hoch über den Alltag emporgehobene, durch Treue und Dankbarkeit vergüldete Ehrfurcht in der Liebe. An eine jede Liebe erinnert er sich im Alter wie an ein Gnadengeschenk. Als er zweiundsiebzig Jahre alt war, widmete er Frau von Stein, die aus gekränkter Selbstheit ihn öffentlich verlacht und geschmäht hatte, eines seiner schönsten Gedichte: den von ihr empfangenen Reichtum setzt er seinem Shakespeare-Erlebnis gleich. Ist aber die Fähigkeit, sich an einst empfangene Gaben bis ins hohe Alter zu erinnern, nicht ein Kennzeichen vornehmer Seelen?

Für Nietzsche, diesen großen deutschen Dichterdenker, ist Ehrfurcht vor sich selbst etwas, das „sich nicht suchen und nicht finden und vielleicht auch nicht verlieren läßt", das Rückgrat der Kultur. Nietzsches Ehrfurcht ist, im Unterschied zu Goethe, nicht ein anzuziehendes, sondern ein angeborenes Gefühl. Wie aber steht es mit seinem Mitleiderlebnis? Nietzsches Leser berufen sich häufig auf den bekannten Satz vom Hartsein, oder zitieren auch aus Zarathustra: „Mitleid macht dumpfe Luft allen freien Seelen"; selten dagegen wird sein schöner Brief an seine beste Freundin, die große Europäerin Malvida von Meysenbug, zitiert. Er schreibt ihr, daß ein Mann beim Lesen ihrer Memoiren sich seiner Unmännlichkeit schämen müsse, denn nur selten besäße ein Mann Tapferkeit genug, um so selbstlos und opferbereit zu lieben, wie sie es ihr ganzes Leben getan. In diesem Brief spricht er auch von der herrlichen Offenbarung der Karitas, die ihm durch diese Frau zuteil wurde. Auch im Zarathustra finden wir Sätze, die uns Nietzsches Bild verinnerlichen: „Im Schonen und Mitleiden lag immer meine größte Gefahr." Nietzsche hat seine ganze Philosophie nicht aus Liebe und Widerspruch, sondern aus einem Wandlungserlebnis heraus als Satz und Gegensatz gegeben. Nicht gegen das Mitleid selbst, sondern gegen die sich brüstende Heuchelei des Mitleids, gegen die Torheiten der Mitleidigen empörte sich sein wahrheitstrunkenes Herz. „Darum wasche ich mir die Hand, die dem Leidenden half, darum wische ich mir auch die Seele ab", also sprach Zarathustra. Sein Mitleiden war hart und zart, schamhaft und stark, „wie eine Morgensonne, die aus dunklen Bergen kommt." Aus Mitleiden mit dem höheren Menschen schreit Zarathustra im Schlußkapitel auf.

In einem Brief an Deussen sagte Nietzsche, welche Art von Härte zu rühmen und welche Art zu verachten sei: „Dem einzelnen Menschen gegenüber seien wir mitleidig und nachgebend, im Aussprechen unserer Weltanschauung starr wie die alte Römertugend." In diesem Sinne ist auch das Zarathustra-Wort zu verstehen: „Alle Schaffenden aber sind hart." Der Bergsteiger Zarathustra kennt keine Barmherzigkeit sich selbst gegenüber; er verläßt Mutter, Verwandte und Freunde, wenn sie ihn hindern, die Schwingen seiner Seele auszubreiten. Als das Flammenjahr seines Schaffens abgeschlossen war und der Wahnsinn schon an den Türen seines Geistes geklopft hatte, prägte er in seinem Brief an Burckhardt folgenden Satz: „Man muß Opfer bringen, wie und wo man lebt." Dieses Bekenntnis Nietzsches wird wohl am seltensten zitiert, aber gerade dieses Wort birgt die Tragik seines Innenlebens. „Dionysos gegen den Gekreuzigten" sind die letzten Worte in Nietzsches letztem Werk, mit „Dionysos" und „Der Gekreuzigte" unterzeichnet er seine letzten Erlasse.

Hart kämpfte in ihm Dionysos gegen den Gekreuzigten und der Sieg blieb unentschieden. Von visionär banger Sinnbildlichkeit ist Nietzsches Zusammenbruch, doch ist nicht alles, wenn die Lebenstür hinter uns zufällt, Bild und Gleichnis?

Am 3. Januar 1889 verläßt Nietzsche wie gewöhnlich sein Hotelzimmer in Turin, um einen Spaziergang zu machen. Auf dem Platz Carlo Alberto erblickt er einen brutalen Kutscher, der sein altes müdes Pferd unbarmherzig schlägt. Einen Augenblick steht Nietzsche wie erstarrt da, dann springt er hinzu, fällt schluchzend dem Tier um den Hals und bricht zusammen. Was sich in diesen Sekunden in Nietzsches Seele vollzog, wird immer nur Vermutung bleiben. Spricht aus seinem Zusammenbruch Mitleid mit der gepeinigten Kreatur oder empfand er bange Verwandtschaft zwischen dem Geschick des zusammenbrechenden Pferdes und seinem eigenen? Ersteht vor meinem geistigen Auge jener bange Januartag in Turin, so muß ich immer an den Traum des Raskolnikow in „Schuld und Sühne" denken: der stolze und harte Individualist, der Zerbrecher alter Gesetzestafeln, der Ahne Zarathustras, der sich ein Recht anmaßt, über Leben und Tod seiner Mitmenschen zu entscheiden, träumt von einem zu Tode gejagten Pferd. Nach seinem Erwachen kann er von diesem Traum nicht freikommen; er verfolgt ihn wie ein Gespenst. Nietzsche schuf die Legende vom neuen prometheischen Menschen. Dostojewskijs Romanheld versuchte ihn vorzuleben; beide zerbrechen innerlich beim Anblick der sinnlosen Mißhandlung eines Pferdes.

So führt unser Weg wie von selbst von Nietzsche zu seinem Gegenpol, zu Dostojewskij.

Im selben Maße, als Goethe dem Kult der Ehrfurcht huldigte, im gleichen Maße huldigte Dostojewskij dem des Mitleids. Wie Goethe ein für allemal das Wesen der

Ehrfurcht festgelegt und seine kulturfördernde Kraft erkannt hat, so Dostojewskij, der Rembrandt unter den Schriftstellern, die Macht des Mitleids. Aus einem Volk, das die dunkelsten Triebe kennt, erstand der gewaltige Gestalter der einfühlenden Sympathie. Beim Aussprechen des Namens Dostojewskij sehe ich im Geiste das Jesusbild im Louvre „Die Jünger von Emmaus". Von diesem Bild hat Romain Rolland in einem Brief an Malvida von Meysenbug gesagt: Würde das Christentum verschwinden und nur dieses eine Gemälde übrigbleiben, es würde genügen, dem christlichen Gefühl sein unvergängliches Wesen zu wahren. Dasselbe könnte man auch von den Werken Dostojewskijs sagen: verschwände die ganze dem Christentum gewidmete Literatur und blieben nur die Werke Dostojewskijs übrig, das Christentum, zumindest das östliche Christentum, besäße seine Wortverkörperung. Dostojewskij, der nicht bei künstlicher Beleuchtung von Kerzen und Lampen schuf, sondern beim Lichte des brennenden Vulkans, den er in seinem Innern trug, bildete Gestalten, die bald von der Glorie des ewigen Lichtes umstrahlt, bald von der schwarzen Dunkelheit verschlungen werden. Nicht nur durch sein Helldunkel ist er Rembrandt verwandt — zu dessen Bildern er übrigens kein persönliches Verhältnis hatte — gleich dem tragischen Maler des Nordens stellt er heilige und grell naturalistische Gestalten unmittelbar nebeneinander. Er kannte die brennende Finsternis der Sinnlichkeit und Wollust und setzte ihr das wohltuend milde Licht des Mitleids entgegen.

Wahrhaft liebt nur, wer seinen Mitmenschen das Kreuz tragen hilft — dies ist der Inbegriff und das Kerngehäuse aller Werke Dostojewskijs. Der liebende Dostojewskij begehrt, daß der geliebte Mensch dieselbe Zentralstellung einnehme, die er, dank seinem Egoismus, sich selbst zuerkennt. Die Tiefe des Mitleidens ist der Prüfstein der Liebe. Um eine Reihe seiner Gestalten webt er den Heiligenschein karitativer Leidenschaft. Im überirdischen Licht wandelt der alte Staretz Sossima. Aljoscha, der Fürst Myschkin, der reine Tor, der gleich Parzival durch Mitleid wissend ist, und um den, nur in dunkleren Tönen, ein Karfreitagszauber erklingt. Doch am hellsten leuchtet der Stern des Mitleidens in den Beziehungen zwischen Raskolnikow und Sonja.

Der eigenwillige, stolze Raskolnikow entbrennt in unbezwingbarer Leidenschaft zu diesem dürftigen blassen Mädchen, das den Unterhalt für ihre armen Angehörigen, vor allem für ihre kleinen Schwestern, dadurch verdient, daß sie sich auf der Straße verkauft. Wie ein Bild von Rembrandt bleibt uns der mitternächtliche Besuch Raskolnikows bei Sonja im Gedächtnis. Das ist nicht die Leidenschaft des Mannes zum Weibe, sondern des Menschen zum Menschen, die ihm in schlafloser Nacht keine Ruhe gibt.

Raskolnikow steht auf und geht zu Sonja, die er nie zu berühren gewagt hat. Ein großes leeres, scheunenhaftes Zimmer, gelbe zerrissene Tapeten, ein Bett, ein Tisch, ein Stuhl. Auf dem Tisch brennt in einem kupfernen Leuchter eine Kerze. Sonja, durch ihre eigene Handlungsweise erniedrigt, von der Gesellschaft verstoßen, fühlt sich wie eine Aussätzige. Raskolnikows Nähe erfüllt sie mit Freude und quälender Scham. In ihrer Demut wagt sie es nicht einmal, sich in seiner Gegenwart hinzusetzen. Der Unduldsame, Harte spricht mit ihr in dieser Nacht sanftmütig und leise. Er schaut in ihr Gesicht und liest in ihren Zügen ein „unersättliches Leid", das weder Sinn noch Rechtfertigung hat. Plötzlich verläßt ihn seine weiche Stimmung und er sagt grausam hart, daß ihre kleinen Schwestern wohl einst den gleichen Weg gehen werden,

den sie jetzt geht. Sonja meint, Gott würde solch ein Elend nicht zulassen, worauf Raskolnikow ohne Erbarmen erwidert: „Wenn Gott es bei andern zugelassen hat..." Hier bricht Sonjas Selbstbeherrschung zusammen. Sie bedeckt ihr Gesicht mit beiden Händen und schluchzt wie ein Kind. So verstreichen mehrere Minuten. Raskolnikow geht schweigend im leeren Zimmer auf und ab, ohne Sonja anzusehen. Endlich tritt er zu ihr, seine Augen funkeln, sein Blick ist trocken, fiebrig, scharf, seine Lippen zucken. Plötzlich bückt er sich hastig, neigt sich bis zur Erde und küßt Sonjas Fuß. Erschreckt entweicht sie ihm wie einem Wahnsinnigen.

„Was tun Sie? Wie kann man nur? Vor mir...?" stammelt sie erblassend und schmerzlich preßt sich ihr Herz zusammen.

„Nicht vor Dir verneige ich mich, ich verneige mich vor dem Leid der ganzen Menschheit", sagt er streng und wendet sich schnell zum Fenster.

Ich habe diese Szene wiedererzählt, weil es kaum ein anderes Beispiel in der Weltliteratur gibt, wo die Leuchtkraft des Mitleids in so überirdischem Lichte erglüht. Ohne Dostojewskij wüßten wir nicht um die Leidenschaft des Mitleidens. Nicht daß wir besser durch ihn geworden sind — wir werden nicht so leicht besser — aber ohne ihn wäre unser Seelenkleid noch armseliger und zerschundener als es ohnehin ist.

Gäbe es in der Welt nur das Böse, wären alle Kathedralen in Schutt und Staub zerfallen, die aus Stein errichteten ebenso wie jene, die der Mensch in seinem Innern trägt — die Welt hätte sich schon längst zerfleischt. Gäbe es nur Güte in der Welt, so wäre die ganze Welt zur Gralsburg geworden. Das Licht unseres Planeten entsteht aus der Auseinandersetzung des Guten mit dem Bösen.

Es scheint fast, als walte ein höheres Gesetz, das gerade in Zeiten größter Grausamkeit auch die Verkünder der Menschlichkeit erstehen läßt.

Eine der blutigsten Epochen war zweifellos die Renaissance. Die Inquisition ist nicht, wie bisweilen irrtümlich behauptet wird, ein Erbe des „dunklen Mittelalters"; durch Gesetz wurde sie im Jahre 1478, also am Vorabend der Renaissance festgelegt. Zu Elisabeths Zeiten war, wie L. Strachey berichtet, die Rechtsprechung ein Spielball von Furcht, Torheit und Aberglauben. Die Folter wurde ausgiebig angewandt. Auf einen unbegründeten Verdacht hin ließ Elisabeth ihren treuen alten Leibarzt Dr. Lopez hinrichten, kastrieren, ausweiden und vierteilen. Zur selben Zeit sang Shakespeares edel geschaffener Ariel seine sanften Lieder, und Prospero, der symbolische Vertreter des Dichters, der um die Vergänglichkeit alles Irdischen weiß und kraft der Magie seines Geistes über alle Lebewesen herrscht, bekennt sich zur allesverstehenden Güte, allein deshalb, weil Tugend seltener als Rache ist:

> „Yet with my nobler reason 'gainst my fury
> Do I take part: The rarer action is
> In virtue than in vengeance."   (Sturm, V, 1)

Miranda, die durch ihr Lächeln vor Verzweiflung bewahrt, Miranda, der Gegensatz zum Sturm menschlicher Leidenschaften, gleitet leise und licht aus der Zelle Prosperos, und das erste Gefühl, das wir bei ihr kennenlernen, ist das Mitleid mit den ihr unbekannten Schiffbrüchigen:

> „O, I have suffered
> With those that I saw suffer! A brave vessel,
> Who had, no doubt, some noble creature in her,
> Dashed all the pieces. O, the cry did knock
> Against my very heart!"   (Sturm, I, 2)

Im Hamlet ergreift mich immer am tiefsten die Begegnung des dänischen Prinzen mit den Schauspielern. Hamlet ist innerlich aufgewühlt durch den Schauspieler, den die einfühlende Phantasie dazu bringt, beim Hersagen seiner Rolle über Hekubas Leid zu weinen:

> „And all for nothing! for Hecuba!
> What's Hecuba to him, or he to Hecuba,
> That he should weep for her?"

Elisabeths großer Zeitgenosse, König Philipp von Spanien, saß im Escorial und sann auf immer neue Grausamkeiten, durch welche er sein riesiges Reich — Spanien, Portugal, halb Italien, die Niederlande, Westindien — zu beherrschen glaubte. Wer sich seinem Willen widersetzte, mußte es mit dem Tode büßen. Als es in Saragossa zum Aufstand kam, wurden neunundsiebzig freiheitsliebende Bürger, die Anführer der Revolte, auf dem Marktplatz lebendig verbrannt. Das blutdürstige Schauspiel dauerte zwölf Stunden und fand seinen Abschluß durch einen gewaltigen Fackelzug. Grausamkeiten waren an der Tagesordnung. Der König befahl, die Richter vollstreckten, ohne mit der Wimper zu zucken, das Urteil, und der Pöbel gröhlte vor Vergnügen.

Zur selben Zeit saß Cervantes in arabischer Gefangenschaft, im Gefängnis von Tobosa oder Sevilla, in kleinen Mansardenstübchen billiger Einfahrten, und legte den Grundstein zu seinem Reich, von dem eine Provinz „Don Quichotte" hieß und die andere später den Namen „Meisternovellen" erhielt. Heute, nach vierhundert Jahren, ist vom Reich Philipps II. nur wenig übriggeblieben, aber das Reich des armseligen Hungerleiders Cervantes, ebenso wie das Reich Shakespeares und Senecas, erstreckt sich über die ganze Welt und die Zahl seiner Untertanen wird immer größer. Wer vermag da noch an der Macht des menschlichen Geistes zu zweifeln?

Philipp sah sich selbst als Gottes erwähltes Werkzeug an, doch war ein solches nicht viel mehr Cervantes und sind es nicht immer die Dichter?

Shakespeare und Cervantes verbindet miteinander nicht nur das gemeinsame Todesjahr; beide sind die tiefsten Menschenkenner ihres Jahrhunderts und gehören zu den tiefsten Menschenkennern aller Zeiten überhaupt. Sie sind unübertreffliche Schilderer der Grausamkeit, doch hoch zu ihren Häuptern weht die Fahne der Güte, die schon Senecas Werk unsterblich machte und über allen Werken weht, die mehr als einer Provinz und einem Volksstamm angehören.

Don Quichotte weiß, daß der Mensch zwei Kleinodien besitzt: eines davon heißt Gerechtigkeit, das andere Barmherzigkeit. Und in Gottes Augen leuchtet der Edelstein der Barmherzigkeit herrlicher als jener der Gerechtigkeit. Nicht nur Don Quichotte, auch die philosophierenden Hunde Bergans und Sipion, kämpfen auf seiten der Erniedrigten und Schutzlosen. In den Meisternovellen wird Lüsternheit, Grausamkeit, Verrat, Lüge, Feigheit, Habsucht und Beschränktheit ohne Erbarmen aufgedeckt, doch über dem Sumpf des Lasters schwebt Cervantes' mildtätiger Geist, der stärker ist als aller Unrat der Welt. Cervantes verzweifelt bisweilen am Menschen, doch nie am Sinn der Welt und der Humanität. Wenn unter den Menschen sich niemand mehr findet, der edle Gefühle in seiner Brust birgt, dann öffnet sich die Seele der Hunde diesen Gefühlen, auf daß diese im Weltall nicht aussterben. Eine grausame Ironie liegt in dieser Novelle, doch auch die nie untergehende Leuchtkraft des abendländischen Geistes.

Wie Goethe und Nietzsche in ihren Werken den Gedanken der Ehrfurcht repräsentieren, Dostojewskij dagegen den des mitleidenden Menschen, so gibt es einige

Geistesheroen, in denen gleichermaßen die Kraft des Mitleids wie die Kraft der Verehrung entwickelt ist. Diese Auserlesenen tragen in ihrer Brust die tiefste Sehnsucht nach dem Himmel und das glühendste Heimweh nach der Erde.

Hart wie die Felsen seiner Heimat, stolz wie der überirdisch-schöne Giotto-Turm, und zart wie die weißen Blumen in der Hand der Muttergottes war Dante Alighieri, ein weiser Kenner aller menschlichen Schwächen. Er, der die steilen Stufen der Verbannung kannte und lieber das bittere Brot der Fremde aß, lieber fern seiner Heimat starb, als seiner inneren Stimme untreu wurde, der große Kämpfer gegen die bestialischen Gewalten, ist der Wegweiser zur vollendeten Menschwerdung.

Wer das Glück gehabt hat, die Fresken der Florentiner Kirche San Maria Novella zu bewundern, dem hat sich Dantes Innenwelt enthüllt: Dante hat die Hände wie zum Gebet gefaltet, sein asketisches Haupt ist zurückgelehnt, sein Blick schweift in die Ferne, den Urquell ewigen Lichtes suchend. In seinen großen, dunklen Augen spiegelt sich Weltleid und die scharfen Gesichtszüge bezeugen, daß persönliches Weh ihm nicht erspart blieb. Aus den Linien seiner Hände spricht die Demut der Güte, aus seinen harten Gesichtszügen die Empörung gegen alles Böse. Der heilige Francesco konnte vom Lied der Heuschrecke neun Tage leben; Dante konnte noch mehr: er lebte vom Blick Beatricens neun Jahre und kein Begehren beschattete seine anbetende Liebe. Beatrice gehört mehr dem Himmel als der Erde an, und Ehrfurcht für himmlische Dinge ist edel; doch wer außer Dante vermag selbst in der Hölle Ehrfurcht und Mitleid zu empfinden? Im siebenten Höllenkreis trifft er seinen Lehrer Brunetto Latini und begrüßt ehrfürchtig das teure gute Veteranengesicht, seinen geistigen Vater, der ihn gelehrt, wie Menschen ewigen Ruhm erstreben. Gott, dem Allmächtigen und Allweisen, steht es allein zu, Brunetto Latini für seine sodomitischen Sünden zu strafen. Dante weiß, daß er weder allweise noch allgütig ist; der Gedanke, seinen Lehrer zu richten, liegt ihm fern; vielmehr drängt es ihn, seinem Wegweiser und Meister zu danken. Welch erhabenes Bild, in der Hölle einen Gegenstand der Danksagung zu finden! In der Seele Dantes vermag selbst die Finsternis der Hölle nicht die Weihe einst empfangener Gaben zunichte zu machen.

Mit gleicher Inbrunst wie die Ehrfurcht erlebt Dante auch das Mysterium des Mitleidens. Selbstmord ist eine Sünde gegen Gottes Gebot. Doch Dantes ganzes Innere erzittert vor Weh, als er im siebenten Höllenkreis die Selbstmörder als klagende Bäume antrifft: ihm wird so bang, daß sein Knie fast vor Schaudern bricht.

Mehrfach weint Dante in der Hölle; darum mag hier ein Wort über die Tränen am Platze sein. Wie das Lächeln der Ausdruck der Güte, so sind Tränen der Ausdruck des Mitleidens. Die Tränen eines rührseligen Trinkers widern uns an, die Tränen eines starken Mannes aber sind eine Seelenwohltat. Als der „überstolze Xerxes" seine jungen Krieger, die ganze blühende Jugendkraft Persiens, bei Salamis vernichtet sah, schrie er laut auf im Weh, „zerriß sein Kleid und weinte". Auch des Sophokles Oedipus weint bei der Nachricht von der alles verwüstenden Pest, die die besten Menschen seiner Stadt, Kinder und Frauen dahinrafft. Sokrates' Jünger, unter ihnen Plato, weinten, als sie von ihrem Meister in der Todesstunde Abschied nahmen. Unter dem Eindruck der griechischen Lektüre schrieb Goethe: „Laßt mich weinen! Weinende Männer sind gut!" Vom stolzesten aller Männer, von Zarathustra, heißt es im Schlußkapitel: als die rechten Menschen nicht zu ihm gekommen waren und nur seine

Tiere bei ihm blieben, die zärtlichen Tauben und der mächtige Löwe, da löste sich sein Herz und er weinte.

Tränen sind nicht ein Zeichen von Schwäche, sie sind ein Beweis dafür, daß das Innere des Menschen noch nicht vertrocknet und verödet ist. Wer über nichts mehr zu weinen vermag, dürfen wir den noch einen Menschen nennen? Dante weint, als er den Wahrsagern mit einem zum Rücken gekehrten Gesicht begegnet. Stechender Schmerz ergreift ihn beim Anblick dieser verkrüppelten, verrenkten Gestalten, die zur Strafe für ihr Begehren, die Zukunft zu enträtseln, nun gezwungen sind, rückwärts zu gehen. Offenherzig bekannte er: „Wahr ist's, auf eine von den Felsenlehnen stand ich gestützt und weinte ganz verzagt."

Dantes zart einfühlende Phantasie ist ungeheuer verfeinert. Francescas schlichte Erzählung von ihrer Liebessünde im klassischen fünften Gesang drängt ihm „ins Auge fromme Mitleidszähren". Und als Francesca ihre keusche und leidenschaftliche Erzählung, die so gar nicht in das Gedröhn und Geheul der Hölle hineinpaßt, beendet hat, wird Dante ohnmächtig: „Ich wie im Tod erblaßte, und wie ein Leichnam hinfällt, fiel ich hin." Nicht der leiseste pharisäische Schatten verdunkelt das lange Nachhallen seines göttlichen Herzens. Die Magie seiner Phantasie zaubert in immer neuer Anschaulichkeit Bilder der Hölle hervor, doch nie verläßt ihn sein großartiges Gesinnungspathos, über alle Sünden und Sünder erhebt sich hoch wie der Giotto-Turm über die winkligen Straßen von Florenz seine feurige Seele — alma sdegnosa — so nennt er sie selber. Kaum daß er aus der Hölle tritt, leuchten über seinem Haupte die geliebten Sterne, die den Schlußakkord zu jedem der drei Teile bilden und das ganze göttliche Lied in die Worte ausklingen lassen:

— „L'amor che muove il sole e l'altre stelle" —
‚die Liebe, die bewegt Sonn' und Sterne.'

Nur durch das Mitleid erhält die Liebe ihre Tiefe, durch die Ehrfurcht ihre Höhe. Im Giotto-Turm der Seele Dantes, meines ewigen Begleiters, läuten zwei mächtige Glocken: Ehrfurcht und Mitleid. Wo sie walten, fallen Religion und Kunst zusammen.

In unserer drangvollen Zeit, wo nicht nur Häuser, sichere Zufluchtsstätten der Menschen, sondern auch Städte und Staaten in kurzer Frist in Schutt und Asche zerfallen sind, und wo der gestern sich noch glücklich Wähnende heute zum Hiob, der Bruder zum Judas, der Freund zum Verräter wird, muß der Mensch auf der Hut sein, auf daß er seine Seele nicht verliere. Wer bei Sonnenaufgang und Sonnenuntergang die Glocken des Mitleids und der Ehrfurcht läuten hört, der hat seinen inneren Menschen vor der Bestialisierung bewahrt. Doch läßt sich das Mitleid ebenso wie die Ehrfurcht nicht zur Pflicht machen. Wo diese edelsten Gefühle sterben, treten harte Befehle und sinnlose Strafen an ihre Stelle.

Der Krieg an der Front, wie schauerlich er auch sein mag, hat Anfang und Ende; der Kampf um die Verwirklichung der Kulturwerte ist endlos. Der Kulturbaum ist immer in Gefahr. Um seine Wurzeln vor dem Verdorren zu beschützen, sind hellwache und hellhörige Helden, ist eine totale Mobilmachung aller heliozentrischen Kräfte notwendig. Der Erdenball wälzt sich in einer Wolke von Düsternis und Blut, die großen Dichter aber sind die Lichtbringer, die ihre Menschen vor der Allgewalt teuflischer Orgien bewahren. Die großen Verkünder der Menschlichkeit — der vom Perlenglanz umstrahlte milde Tagore, der inbrünstig glühende Unamuno, und Romain Rolland, das Gewissen Europas — sie weilen nicht mehr unter uns. Wir wissen nicht, aus welchem Erdteil und welchem Staat die gewaltige, ehrfürchtige und milde Stimme erklingen wird, die die Welt zu einem neuen

Morgen aufruft. Vielleicht ersteht der Rufer der neuen Menschlichkeit in dem Volk, das am tiefsten gelitten? Vielleicht im Volk, das am nüchternsten die Dinge schaut? Vielleicht in einem Volk, dessen Name der großen Welt bis jetzt wenig bekannt ist?

Die Heroen des Geistes, einander unbekannt, bilden einen heiligen Orden, der die Gebetsworte weitergibt, auf daß die Macht der Finsternis nicht siege!

Ein Held vermag nur der zu sein, „wer so licht ist wie die Sonne, wer so gütig wie die Sonne, wer so stark wie die Sonne, wer sich ganz verschenken kann", heißt es bei Rainis, dem Märtyrer der lettischen Freiheit; und bei Hans Carossa, dem Mystiker der Stille und der Innerlichkeit, dem weltoffenen Erben Goethes, dem brüderlich hilfsbereiten Arzt und Dichter: „Zeitlos aber ist die Macht des Herzens, die sich als Wohlwollen kundgibt."

Diese Erkenntnisse sind nicht Erkenntnisse der Masse und des Durchschnittsmenschen, doch aus dem Samen, der im Herzen der einzelnen keimt, entsteht die große Ernte der Zukunft.

VOM SINN DES SCHMERZES
UND DER FREUDE

Vom Sinn des Schmerzes

Stille, mein Herz, nur zu!
Du erträgst ja noch schwerere Leiden.
(Homer)

Ich habe viele Länder bereist, und alle hatten ihre Grenzen, doch nun bin ich gezwungen, durch ein Land zu reisen, das keine Grenzen kennt — durch das Reich der Schmerzen.

Im Laufe der letzten Jahre schien es mir oft, noch schwerer könne es nicht werden; aber ich irrte mich: wie schwer auch das Lebenskreuz ist, seine Last kann immer noch anwachsen, und auch der schwärzesten Nacht kann eine noch dunklere folgen. Doch wie hart auch der Winter sei, wie schwer das Lebenskreuz, wie sternlos die Nacht — ein Verlangen ist allen, hoch und niedrig, arm und reich eingeboren: wie der Hirsch nach frischem Wasser, so schreit die Seele des Menschen nach Freude. Die Erfahrung aber lehrt uns, daß das Leid im Leben meistens überwiegt. Mit einem Schmerzensschrei wird der Mensch geboren, und daß jemand lächelnd ins Jenseits hinübergeht, davon wird nur selten berichtet. Wer ja sagt zum Leben, hat auch schon ja zum Schmerz gesagt. Der Mensch trägt einen unstillbaren Lebenshunger in sich und ist doch ausnahmslos zum Tode verurteilt. Diese Tatsache allein zeugt schon davon, wie traurig es mit seiner Glücksbilanz bestellt ist. Schaut man auf das gesamte Menschenleben, ohne einen rosigen Schleier darüber zu breiten, so ist man gezwungen zu erkennen, daß Sonnenaugenblicke mit schmerzbewölkten Tagen und sternenlosen Nächten wechseln; von hundert Wünschen wird nur einer erfüllt, und meist ist die Erfüllung mit Enttäuschung verbunden. Die Unvollkommenheit des Lebens ist unsere tragische Erfahrung und die göttlichen Entschlüsse sind für unsere Vernunft nicht zu ergründen. Auf unser verzweifeltes Warum? Weshalb? gibt niemand eine Antwort.

Persönlichkeiten aus weit entlegenen Jahrhunderten, von unterschiedlicher Struktur, Weltanschauung und Nationalität, haben die gleichen Gedanken über die Vorherrschaft des Schmerzes, die unlösbare Verkettung von Leben und Leid, von Menschsein und Weh ausgesprochen. Man ist versucht zu sagen: Genie ist Leiderkenntnis. Das Bewußtsein des ausweglosen Leids verbindet die Größten aller Zeiten zu einer wahlverwandten Familie. Da ich wie ein Baum mit meinen Wurzeln in jener Erde stecke, wo die weißesten Birken wachsen und die Daugava, dunkel von den Tränen der Waisenkinder, dahinflutet, meine Zweige aber der Sonne des Weltalls entgegenhebe, will ich an das Zitat eines lettischen Dichters über die Schmerzdurchdrungenheit alles Seienden einige Aussprüche repräsentativer Persönlichkeiten reihen. Der lettische Romantiker Poruks, ein Hölderlin zutiefst verwandter Genius, sagt: „Und der ganze Erdenball ist nur eine große Träne." Welch ergreifendes kosmisches Bild! Für das Auge des Dichters sind die Lichter am Himmelszelt nicht Sterne, es sind Tränenkristalle. Hat Gott selber sie geweint?

Hören wir Goethe, das „Symbol europäischen Geistes". Aber freilich, es gibt zwei Goethe: erstens den Geheimrat, den vorbildlichen Beamten, den von Kleinbürgern verkleinerten, gefälscht harmonischen, glatt übertünchten. Und den andern Goethe, der in den letzten Jahren seines Lebens, in den Gesprächen mit Eckermann, zwanzigmal zum Wesen und zur Bedeutung des Dämonischen, des

Tragisch-Unausweichlichen zurückkehrt, und der seinen Doppelgänger Faust von den Dämonen der Sorge sagen läßt:

> „Gleichgültige Tage selbst verwandelt ihr
> in garstigen Wirrwarr netzumstrickter Qualen.
> Dämonen, weiß ich, wird man schwerlich los."

In seinem andern Alters- und Selbstbekenntniswerk läßt er Wilhelm Meister sagen: „Wir sind elend und zum Elend geboren." Und an dieser Tatsache wird dadurch nichts geändert, ob wir durch unsere Schuld oder durch einen höheren Willen, durch Tugend oder Laster, durch Weisheit oder Torheit in den Schmerz gehetzt werden. Dieser andere Goethe hat auch, auf sein Leben zurückschauend, nur eine sehr kleine Zahl von glücklichen Tagen feststellen können. Wie schlicht und aufrichtig das Selbstbekenntnis des alternden Weisen: „Das Elend wird mir nach und nach so prosaisch wie ein Kaminfeuer. Aber ich lasse doch nicht ab von meinen Gedanken und ringe mit dem unerkannten Engel, sollt' ich mir die Hüfte ausrenken. Es weiß kein Mensch, was ich tue und mit wieviel Feinden ich kämpfe, um das wenige hervorzubringen. Bei meinem Streben und Streiten und Bemühen bitt' ich euch, nicht zu lachen, zuschauende Götter. Allenfalls lächeln mögt ihr und mir beistehen!"

Vom Kenner und Beherrscher dämonischer Gewalten führt unser Weg zum bissigen Idealisten, dessen Werke Goethe übersetzt und den er den höchsten unter den Franzosen denkbaren, den der Nation gemäßesten Schriftsteller genannt hat. Voltaire sagt: „Le bonheur n'est qu'un rêve et la douleur est réelle." Und der gütige Diderot: „Wer den Kummer nicht kennt, ist nicht zu den Kindern der Menschen zu zählen."

Wir haben weise Männer reden lassen, geben wir das Wort auch einer Frau, und zwar einer, deren Name zum

Sinnbild unverwelkbaren Charmes geworden ist. Die bezauberndste Frau Frankreichs, die das Geheimnis ewiger Jugend besaß, die Liebe und Freundschaft in sanften und grellen Farben kannte, der das Schicksal Geist, Anmut und Reichtum gegönnt hatte, Ninon de Lenclos, schreibt in einem Brief sechs Jahre vor ihrem Tode: „Hätte man mir ein solches Leben vorausgesagt, hätte ich mich aufgehängt." Dieser Satz macht einen erschauern; es ist als spräche aus dieser verwöhnten Frau der Geist Hamlets, für den die Erde „ein fauler, verpesteter Haufen von Dünsten" und der Mensch, „das Vorbild der Lebendigen", nur „eine Quintessenz von Staub" ist. Vielleicht ist dieser Pessimismus durch das Fehlen eines Glaubens an einen persönlichen Gott begründet? Goethe war Pantheist, Diderot — Atheist, Ninon de Lenclos — Epikuräerin; doch einer der wahrsten neuzeitlichen Christen, der Gottsucher und Mystiker Dostojewskij, unterscheidet sich im Kern seiner Anschauung über die Unergründlichkeit, Irrationalität und Allmacht des Schmerzes wenig von den genannten Geistern: „Nicht Gott ist es, den ich nicht anerkenne, nur die Eintrittskarte in die von ihm geschaffene Welt erstatte ich freundlichst zurück..."

Wenn wir uns theoretisch auch einen Menschen vorstellen können, der sein ganzes Leben glücklich gelebt hat, anerkannt, reich, frei und gesund gewesen ist, so ist er dennoch der Macht des Schmerzes unterworfen, vorausgesetzt, daß sein Inneres eine Tiefendimension besitzt. Wenn ihn auch leibliche und seelische Schmerzen, Treulosigkeit geliebter Menschen, die Stumpfheit der Umgebung nicht gequält haben, so kennt er sicher die Pein metaphysischer Schmerzen: das Weh über die Ungerechtigkeit und Unvollkommenheit des Lebens, über die unfaßbaren Launen des Schicksals, über die Tyrannei des Todes. Vielleicht einer der glücklichsten Menschen der

Kulturgeschichte war Sophokles, genannt Theophilos, der Götterliebling. Er lebte zur Blütezeit Athens, er erreichte ein hohes Alter und verkörperte das Ideal der Kalokagathia, der körperlichen und geistigen Vollkommenheit. Die Dämonen der Sorge scheinen ihn nicht geplagt zu haben, wohlbeschaffen an Leib und Seele, blieben ihm die dem Genie gewöhnlich bestimmten Folterqualen — Krankheit, Armut, Mißachtung, Erniedrigung, Verbannung — fern. Er lebte in wundervollem Einklang mit Familie und Staat. Kaum ein anderer Schriftsteller ist zu seinen Lebzeiten so geehrt worden. Achtzehnmal hat er in den Dionysien gesiegt, die Hälfte seiner Tragödien ist preisgekrönt. Und dennoch gibt es in der Weltliteratur kein anderes, so von Verzweiflung gesättigtes Werk wie seine Tragödien. Über zweitausend Jahre hinweg gellt der Schrei des Ödipus:

„Gibt's irgendwo ein Leid, das über allem Leid,
ward es dem Ödipus."

Nicht persönliches Ungemach drückt Sophokles, sondern metaphysischer Schmerz, der in der Frage begründet liegt: warum ist gerade dem Edlen ein so großes Maß an Leid zugemessen? Warum siegt das Böse? Warum zerstört Krankheit vorzeitig wertvolles Leben? Im Philoktet, einer der abgeschlossensten seiner Tragödien lesen wir:

„Denn die Gesellschaft kann ich nicht ertragen,
in der der schlechte Mann am meisten gilt.
Der Brave stürzt, der Schurke triumphiert."

Odysseus, der in dieser Tragödie alle Schand- und Ekelnamen trägt, ein Ausbund der Verruchtheit, eine gemeine Sklavenseele, ein armseliger Schurke, steht scheinbar in der Huld der Götter. Wie bitter klingen Philoktets Worte: „Ein Schurke geht ja nie zu Grunde ... Selbst aus dem Hades gönnen sie (die Götter) ihm Rückkehr, wenn's nur ein abgefeimter Gauner ist. Loben möchte ich die Götter gern, doch sie sind ungerecht." Eine Schlange hat ihn gebissen und der Gestank der Wunde und das Geschrei des unheilbar Kranken hat dazu geführt, daß er auf der öden Insel Lemnos ausgesetzt wird. Er leidet unschuldig. Die ganze Tragödie ist eigentlich nur ein Schmerzensschrei. Zehn Jahre verzehrt er sich in Hunger und Elend und nährt sein nimmermüdes Leid auf der wüsten Insel. Seine Monologe machen uns erschauern: „Mein Leiden aber bleibt auf seiner Höhe und frißt nur immer weiter." Und der Chor, der die Anschauung des Dichters ausspricht, singt:

> „Von keinem andern weiß ich, keinen sah ich,
> der schwerer dulden muß als Philoktet.
> Niemand hat er ein Leid getan.
> Als Freund und Feind ein ehrenhafter Mann.
> Unverdient ist sein Schicksal."

Die edelsten Griechen, Philoktet, Ödipus, Antigone, Ajas läßt Sophokles geschändet im Staube liegen. Sie tragen keine Schuld an ihrem Schicksal, sie sind Gottgeschlagene. Der leiderprobte, weise, gütige König Ödipus, der sein Herz an hohe Dinge hing, erinnert an Hiob, der trotz aller Schicksalsschläge an seiner Frömmigkeit festhielt und das Böse mied. Ödipus' Verzweiflung klingt wie ein Widerhall der Klage Hiobs:

> „Warum ist das Licht gegeben den Mühseligen
> und das Leben den betrübten Herzen?
> Denn wenn ich essen soll, muß ich seufzen,
> Und mein Heulen fährt heraus wie Wasser.
> Ist doch meine Kraft nicht steinern,
> und mein Fleisch nicht ehern."

> „Ihr Geschlecht der Menschen, ich wäge euch
> und finde euch gleich dem Nichts."
>
> (Ödipus)

> „Wer sich ein längeres Leben wünscht, als angemessen, der ist ein Tor. Die lange Reihe der Tage bringt mehr Leid, und die Lust bleibt — man weiß nicht wo."
>
> „Nie geboren sein, ist das beste Erdenkliche; das nächste, wenn man geboren ward, wieder eilends dorthin zu gehen, von wo man kam."
>
> (Ödipus auf Kolonos)

In alten Zeiten brach nach großen Kriegen Hungersnot und Pestilenz aus. Auch heute geschieht das gleiche: die Hungersnot der Seele ist unsäglich und eine Epidemie des Irr-Sinns hat die ganze Welt ergriffen. Wenn schon in früheren Jahren die Hiobsfrage mir keine Ruhe ließ, so ist sie jetzt zu meiner stetigen Peinigerin geworden. Im Rauschen des Regens, im Ruf des Käuzchens, im Heulen des Sturms höre ich die wehklagende Menschheit. In schlaflosen Nächten sehe ich alle die Leidtragenden an meinem Fenster vorüberziehen, ich höre ihre schmerzerfüllten Stimmen, sehe ihre leiddurchfurchten Gesichter, sehe mein Volk, das das Schicksal Philoktets befallen hat (die Schlange der Heimatlosigkeit hat es gebissen), sehe die Leidtragenden anderer Völker mit der stummen Frage in den Augen: „Mein Gott, warum hast Du das zugelassen?" In einzelnen Individuen wie in ganzen Völkern ist heute das Erbe Hiobs und Sophokles' lebendiger denn je.

Ohne Schuld wird uns bisweilen eine kaum zu tragende Last aufgebürdet; es liegt nicht in unserer Macht, sich von ihr zu befreien, doch in unserer Macht liegt es wohl, Stellung zu diesem Problem zu nehmen.

Der Schmerz ist unsere unbarmherzigste, wirklichste Wirklichkeit, ein Teil unseres Lebens, an dem keiner von uns zweifelt. Die äußeren Umstände haben wir nicht in unserer Gewalt, nur in geistiger Hinsicht kann der Mensch sein Leben zu dem machen, was er will. Aber er muß den „geheimnisvollen Weg nach Innen", von dem schon Novalis sprach, betreten. Vor lauter Interesse an der Außenwelt haben wir das Leben vergessen, das uns vom Tier unterscheidet. Wenden wir unseren Blick nach innen, also der Wirklichkeit zu, die übrigbleibt, wenn wir die Außenwelt abstreifen. „Der Mensch ist ein metaphysisches Tier", hat Schopenhauer gesagt. Werden die metaphysischen Neigungen nicht gepflegt, nimmt das Tier überhand, denn der Mensch ist leider so geartet, daß seine Neigungen und Fähigkeiten, die er nicht ständig pflegt, sich gar schnell zurückbilden.

Alle lebende Kreatur leidet, doch nicht der Schmerz an sich ist das Entscheidende, sondern die Art und Weise, wie man ihn trägt.

Die Stellung zum Schmerz kann eine dreifache sein: erstens die des wahren Christen, zweitens die des heroischen Menschen, den ich auch den Lebensbejaher und Bergsteiger nenne, und drittens, die des Positivisten. Dieses kleine Schema darf allerdings nicht zu buchstäblich aufgefaßt werden. Thesen und Antithesen pflegen die Wahrheit zu vereinfachen. Keine Formel vermag die Seelenwirklichkeit vollkommen zu erschöpfen, und doch müssen wir einige gebrauchen, um uns verständlich zu machen.

Die Stellung des Christen zum Schmerz gipfelt in zwei Aussprüchen: „Selig sind, die da Leid tragen, denn sie sollen getröstet werden", und „Wen Gott lieb hat, den züchtigt er."

Das Leid nähert den Menschen Gott und entfremdet ihn dieser sündigen Erde. Weltfremdheit, Weltverneinung, um nicht zu sagen Weltfeindschaft, ist ein wesentlicher Zug des transzendenten Mystikers (Meister Eckart), den wir vom lebensbejahenden Mystiker (Dostojewskij) trennen wollen. Der transzendente Mystiker ist dem Jenseits zugewandt, nur in der Überwelt findet er seine Ruhe. Seine ganze Energie konzentriert er auf das Seelenleben, auf innere Schau. Alles Endliche ist für ihn nur ein Ausdruck des Unendlichen. Leid führt ihn zur Losschälung von dieser Welt. Wenn Gottes Sohn so unschuldig um der Menschen willen gelitten hat, warum sollte dann der sündige Mensch seines eigenen Heiles wegen nicht leiden? So wird der transzendente Mystiker im Namen der ewigen Seligkeit zum Verneiner des Diesseitigen und zum Bejaher des ewigen Lebens. Unstillbare Sehnsucht erfüllt ihn, dieses Leben allein genügt ihm nicht. Er lechzt nach Gottes Nähe, nach einer Gotteskindschaft. Das Erdenleben hat für ihn nur insofern Wert, als es ihn zu Gott führt. Der Schmerz bringt ihm die eigene Nichtigkeit und Gottes Herrlichkeit zum Bewußtsein; er nähert ihn dem Tode, der die Pforten der Ewigkeit öffnet. Der Auferstehungsgedanke ist das Kerngehäuse der christlichen Weltanschauung. Daher kennt der wahre Christ nicht den Stachel des Todes. Mit einem Lächeln erträgt er die grimmigsten Qualen, im Vorgefühl der ihn erwartenden Seligkeit. Am ursprünglichsten offenbart sich die christliche Stellung zum Schmerz in den Märtyrern, deren Leben zur sühnenden Buße wurde und die im Glauben an Gott alle Folterqualen ertrugen: das Fleisch muß bezähmt werden, damit es den Flug der Seele zum Himmel nicht hemmt. Die Legenden von den Heiligen sind keine Märchen, diese Frauen und Männer haben wirklich auf der Erde gelebt. In unverlöschbarem Licht leuchtet ihr Beispiel in der Geschichte, die Myrrhe der alles ertragenden Geduld entströmt ihrem Lebenswandel ...

Um 270, unter dem heidnischen Kaiser Claudius, lebte die heilige Prisca, eine römische Jungfrau adeliger Herkunft. Mit 13 Jahren wurde die glühende Nachfolgerin Christi, mit Ketten beladen, vor den Kaiser geführt.

Dieser glaubte, es würde ihm ein leichtes sein, die zarte Jungfrau zum Abfall vom Christentum zu bewegen. Als es ihm nicht gelang, ließ er sie zornentbrannt grausam geißeln. Prisca aber freute sich bei dem Gedanken, daß sie jetzt nur um so mehr ihrem christlichen Bräutigam gefalle. Keine der Peinigungen vermochte den Sinn des Mädchens zu ändern, der Kaiser ließ Prisca enthaupten. Mit welch unheimlichem, unbegreiflichem Heldenmut ertrug der heilige Sebastian seine Todesmarter. Von ihm ist der Ausspruch überliefert: „Durch den Schmerz erkauft ihr euch die ewige Freude und den Jubel der immer dauernden Seligkeit."

Wenn die Märtyrer die christliche Stellung zum Schmerz am überzeugendsten offenbaren, so finden wir denselben Gedankengang bei allen wahren Christen aller Zeiten und Nationen. Nur ist ein wahrer Christ vielleicht ebenso selten wie ein Genie. Eine der größten Frauen, die heilige Theresia, sagt: „Ich sterbe darum, weil ich nicht sterbe, und leide, weil ich durch das Leiden ewige Freude erreiche."

Hier sei auch ein Wort des großen deutschen Mystikers Eckart zitiert: „Das Leid ist das schnellste Tier, das euch trägt zur Vollkommenheit."

Zum Kreis dieser Gestalten, wenn auch nicht zur katholischen Kirche, gehört auch einer der christlichsten Menschen des neunzehnten Jahrhunderts, der von seinen Zeitgenossen nicht nur verkannte, sondern bitter verhöhnte Kierkegaard, den Delacroix für die Franzosen entdeckte und ohne den die deutsche Existenzphilosophie undenkbar wäre. Ein rigoroser Idealist, der die Selbsterkenntnis über die Seinserkenntnis stellt und mit seinem „Entweder — Oder" an Brands „Alles oder Nichts" erinnert, erzwingt er eine Rückbesinnung auf den unmittelbaren Menschen, indem er dem Diesseits-Menschen, dem ästhetischen und dem ethischen, den religiösen Menschen, der in der Ewigkeit siegt, gegenübergestellt. Der christlichen Kirche, die ihm als ein von Beamten verwaltetes Büro erschien, wandte er den Rücken zu. Er wollte, daß man das Christentum entweder resolut leugnet oder wahrhaft lebt. Jeden Kompromiß nannte er Schwindel. Er entsagte seiner Braut, um durch nichts Irdisches behindert, ins ewige Licht eingehen zu können, und weigerte sich in der Todesstunde, das Abendmahl von einem Geistlichen anzunehmen. In seinen an ästhetischen, ethischen und religiösen Wahrheiten reichen Schriften ist dieser stolze Gottsucher und bedingungslos demütige Christ ein Verherrlicher des Leids:

„Das ist der Weg, den alle gehen müssen: über die Seufzerbrücke hinein in die Ewigkeit."

„Im Leiden beginnt das Religiöse zu atmen."

„Je tiefer das Leid ist, desto mehr fühlt sich der Mensch als ein Nichts, als weniger denn nichts, weil der Leidende der Suchende ist, der anfängt Kenntnis zu nehmen von Gott."

„Je tiefer das Leid, desto tiefer wird die Macht der Sünde erfaßt, und der stärkste Ausdruck für das tiefste Leid könnte scheinen, wenn einer sich selber als den größten Sünder fühlt."

Ein Licht aus dem Jenseits verklärt alle diese, ihrem äußeren Gewand nach verschiedenen, ihrem Inneren nach wahlverwandten Gestalten: wie die Heiligen des Mittelalters, so blieb Kierkegaard trotz der Folter des brennenden Hohns und der Verachtung seinem Glauben treu. Und vielleicht ist unser Seelenleben so verödet, weil wahres Christentum so selten geworden ist.

Den Gegensatz zum transzendenten Mystiker bildet der Lebensbejaher, der heroische Mensch, der Bergsteiger, den man mit dem Stoiker und dem Epikuräer nicht verwechseln darf. Für die Stoiker und die von ihnen beeinflußten Philosophen ist das ganze Leben nur eine Vorbereitung auf den Tod. Bei Seneca, wie auch bei Marc Aurel, nimmt der Todesgedanke eine Zentralstellung ein. „Von welcher Tatsache sollen wir ausgehen? — Wenn es dir recht ist, vom Tode. — Vom Letzten — meinst du? Aber auch vom Größten", heißt es bei Seneca.

Die Orientierung auf das Jenseits verbindet die stoischen Philosophen mit dem Christentum, die ganze Liebe des heroischen Menschen dagegen gehört dem Diesseits, dem schmerzreichen und doch so schönen Leben, das wir nur eine kurze Spanne Zeit auf dieser Erde verbringen dürfen. Der heroische Mensch fühlt sich für die Welt in die Welt hineingeboren. Wenn die Freude am Diesseits ihn vom Stoiker trennt und mit dem Epikuräer verbindet, so unterscheidet er sich grundsätzlich vom letzteren dadurch, daß er den Schmerz in all seinen Tiefen kennt und als das Unabwendbare in unserem Leben anerkennt. Der Schmerz ist für ihn der Meißel, der aus edlem Stoff das schönste Antlitz formt. Das höchste Sinnbild des heroischen Menschen — Julius Cäsar. In seiner Todesstunde, als er schon mehrere Dolchstöße erhalten hatte, ordnete er noch seine Toga, auf daß er würdevoll niederfalle.

Einen heroischen Menschen nenne ich denjenigen, dem nichts erspart geblieben ist und der allen feindlichen Gewalten zum Trotz das Leben segnet. Wie über einen schmalen Steg geht er über den Lebensabgrund, wo Tod, Verderben und Ungeheuer nach ihm haschen, hellwach und aufmerksam wandert er zum anderen Ufer hin und bückt sich um die seltene Blume der Freude, die in den Spalten des Stegs erblüht, zu pflücken und sie seinem betrübten Weggenossen zu reichen. Wenn Geduld die größte Tugend des christlichen Menschen ist, so ist der Trotz die des heroischen. Im Ertragen äußert sich die

Größe des christlichen Menschen, im Erkühnen die des heroischen. Der christliche Mensch erträgt alle Heimsuchungen lächelnd, in der Hoffnung auf ewige Seligkeit; der heroische steigt in das Boot Charons, ohne zu wissen, was ihn am anderen Ufer erwartet. Ewige Seligkeit? Ein Erlöschen im Nichts? Ein Einswerden mit kosmischen Gewalten? Vielleicht ist das ganze Leben nur ein Traum, doch auch im Traum sind wir, wie Unamuno, der große Unsterblichkeitskämpfer, so überzeugend ausgeführt hat, verpflichtet, recht zu handeln. Das Glaubensbekenntnis des heroischen Menschen ist am besten durch den französischen Ausdruck — malgré tout — zu umfassen: zum Trotz von Schmerz und Prüfung, Entbehrungen und Enttäuschungen muß man das Leben bejahen, denn es wäre feige, ein Dasein, an dem man keine Freude empfindet, weiterzuschleppen. Über der Pforte, die in die Welt des heroischen Menschen führt, stehen die Worte Beethovens: „Durch Schmerz zur Freude." Leuchtende Vertreter der heroischen Weltanschauung sind außer Beethoven auch Dostojewskij, Romain Rolland und Friedrich Nietzsche. Es gab wohl kaum einen physischen und psychischen Schmerz, den Dostojewskij nicht gekannt hätte, doch auch in der dunkelsten Nacht entzündet er die Kerze der Freude.

Der junge Romain Rolland schreibt 1890 an Malvida von Meysenbug: „Bedauernswert sind alle, die den Schmerz nicht kennen, wenn es überhaupt solche armselige Wesen gibt, doch vielleicht gibt es ihrer viele." Dieser Überzeugung ist Romain Rolland, den das Religiöse und Ethische von den meisten französischen Schriftstellern unterscheidet, treu geblieben. Sein „Jean Christophe", dieser gotterfüllte deutsche Künstler, schaut am Lebensende auf den zurückgelegten Weg und segnet den Schmerz ebenso wie die Freude, ja, er vermag eigentlich die Grenze zwischen beiden nicht zu finden. Die Pflugschar des Schmerzes hat tief sein Inneres durchwühlt, auf daß die Saat der Freude keimen könne. Romain Rolland ist wohl einer der besten Beethovenkenner des zwanzigsten Jahrhunderts und über seiner Welt wölbt sich der Himmel beethovenscher Freude. Seine vitalen Menschen, die zum Mitleben und Nachdenken anregen, kämpfen sich durch schwarze Nacht zum Morgen hindurch.

Im Gegensatz zum transzendenten Mystiker wie auch zum heroischen Menschen stehen die Positivisten, die billigen Optimisten, die flachen „happy end"-Menschen, für die Seele und Metaphysik nur Wahngebilde sind. Sie sind gegen das Leid immun, wie manche gegen ansteckende Krankheiten. Auch dann, wenn der Blitz des Schmerzes schon eingeschlagen hat, verleugnen sie ihn noch, weil sie ihn nicht spüren. Sie besitzen weder die Fähigkeit zu leiden, noch ein Leidgedächtnis; daher könnte man sie die Dickhäuter der menschlichen Fauna nennen. Sie lesen nur Bücher, in denen alles gut endet, und sind instinktiv bestrebt, auch ihr Lebensbuch ohne Verwicklungen, Anspannungen und Anstrengungen zu beschließen. Sie gewöhnen sich schnell an alles, auch an das Widernatürliche, an Entmenschlichung und Entseelung; sie bilden den guten Durchschnitt in jeder Form und Gesellschaft. Und der Durchschnittsmensch urteilt nicht selbständig, er äfft nach, imitiert, übernimmt und wiederholt fertige Fehlurteile und Gemeinplätze. Gedankenlosigkeit und Gewohnheit ist der bequeme, breitgetretene, wenig ermüdende, vom Teufel eingestampfte Weg. Denn der Patron der alles abstumpfenden Gewohnheit ist der Teufel, der des großen Staunens und Grauens — der Herrgott selbst. Wer sich über das Schlechte und Gemeine nicht entrüstet, wer sich an alles gewöhnt, wen das Große und Schöne nicht in Staunen versetzt, ist als werdender und schaffender

Mensch gestorben; er ist nur noch ein existierendes, das heißt, ein animalisches Dasein fristendes Wesen. Der positivistische Mensch kommt meistens nicht einmal bis zum Erlebnis, es genügt ihm das Ereignis. Er ist unempfindlich gegen den Schmerz. Behaglichkeit, genügsame Gemütlichkeit sind seine Grundstimmung. Repräsentative Männer dieser Grundanschauung: der Amerikaner Marden, der Engländer Arnold Bennet, der, gutmütig und scharfsinnig das Leben ironisierend, seine Leser belehrt, wie man am billigsten zu einem glücklichen Leben kommen kann. Der Positivist erschauert nicht vor dem Mysterium der Liebe und des Todes. Was bedeutet ihm der Tod? Eine Naturnotwendigkeit. Und die Liebe? Wenns nicht Hans ist, dann ist es der Peter, ist es nicht die Liesel, dann ist es die Grete.

Der reine Typ des christlichen Menschen ist ebenso wie der des heroischen oder positivistischen eine Abstraktion. Im Leben treffen wir nicht reine Typen, sondern wechselseitig schillernde Kreuzungen. Auch geschieht es häufig, daß der Mensch in einem Abschnitt seines Lebens mehr zum christlichen, im anderen wieder mehr zum positivistischen oder heroischen Typ neigt. Nennen wir einen Menschen, z. B. Beethoven, heroisch, so erschöpft diese Bezeichnung ihn nicht restlos, sondern weist nur auf ein kennzeichnendes Leitmotiv seines Lebens und Wesens hin: „Durch Schmerz zur Freude."

Der Unterschied zwischen seelischem und körperlichem Schmerz ist ein gewaltiger: physische Wunden verheilen; je mehr Zeit verstreicht, desto unsichtbarer wird die Narbe; allein der Seelenschmerz wird mit der Zeit immer tiefer, gefährlicher und drohender. Die Erinnerung an körperliche Pein verblaßt im Laufe der Tage und Jahre.

Zahnschmerzen können so heftig sein, daß man die Wände emporlaufen möchte, ich habe aber nie gehört, daß jemand über gewesenes Zahnweh wie über etwas Grauenerregendes, das einem die Tränen in die Augen treibt, erzählt. Wäre die Erinnerung an physische Qualen allgegenwärtig, würden die meisten Mütter nur ein Kind gebären. Die Geburtswehen lassen die Mutter laut aufschreien, doch kaum, daß sie ihr Kind in den Armen hält, ist aller Schmerz vergessen. Allein den Tod ihres Kindes, vermag den eine Mutter jemals zu überwinden? Nicht die erste Zeit nach dem Hinscheiden eines geliebten Menschen ist die schlimmste. Das Leid braucht Zeit, um sich in unser Inneres einzunisten, sich dort heimisch niederzulassen, alle Zellen unseres Wesens zu durchdringen. Ist ein geliebter Mensch von uns gegangen, vermögen wir das unwiderruflich Geschehene in den ersten Tagen, Wochen und Monaten nicht zu erfassen. Erst nach Verlauf einer geraumen Zeit, wenn das Grab schon längst zugeschüttet, die Beerdigung beendet und die Trauergäste ihres Weges gegangen, die Kränze verwelkt sind, fangen wir an zu begreifen, daß der Entrückte nie mehr bei uns sein wird, daß es ein Fortgehen ohne Wiederkehr geben kann. Erst allmählich wird die Hoffnung auf ein Wiedersehen in uns ausgelöscht, und dann flieht uns nachts der Schlaf und tags die Arbeitsfreude. Schwarze, wilde Vögel zerreißen mit ihrem heiseren Gesang unsere Seele: so wie dieses eine Jahr werden noch viele vergehen, und keines von ihnen wird den Entrückten zurückbringen.

Das Leid veredelt — so pflegt man zu sagen, doch, wie mich dünkt, mit Unrecht. Wir leben in einer Zeit, in der das Leid über den einzelnen Menschen, über fast alle Völker Europas, über den ganzen Erdenball wie eine alles fortschwemmende Sintflut rauscht. Aber wer würde es wagen zu sagen, daß dadurch ganze Völker oder auch nur einzelne Menschen besser geworden sind; und Besserwerden heißt — mitleidiger, ehrfürchtiger werden.

Schmerz und Elend entkleiden den Menschen, reißen alle Schleier und Masken von seinem Antlitz; seine Kleinheit, Erbärmlichkeit, Häßlichkeit, seine Bestialität tritt erschütternd zutage; doch auch seine Größe, sein Edelsinn, seine Erhabenheit. Sage nie, daß du einen Menschen kennst, eh' du ihn in tiefem Leid gesehen. Ich besuchte eine deutsche Mutter, die ihre beiden Söhne im Felde verloren hatte. Auf dem Wege zu ihr überlegte ich mir, was ich ihr wohl sagen könnte; alle Worte erschienen mir hohl und abgenutzt. Sie machte es mir aber leicht: kaum, daß wir uns begrüßt hatten, erzählte sie mir sehr aufgebracht von dem Verlust eines blechernen Löffels, der durch die Nachlässigkeit ihrer Mieter verlorengegangen war. — Ich habe eine Frau gesehen, deren einziges, dreijähriges, sorglos im Garten spielendes Kind durch einen Granatsplitter getötet worden war, und diese Frau wies mit böser Stimme todmüde Flüchtlinge von ihrer Haustür: „Mein Kind ist vor meinen Augen zerrissen worden, mein Herz ist von Schmerz zerrissen, was geht mich fremder Jammer an?" — Und ich habe eine deutsche Musikerin getroffen, die ihren einzigen Sohn, der auch ihr bester Freund war, in den letzten Tagen des Krieges verloren hatte. Sie war ganz allein geblieben. Das Leid hatte sie tief durchwühlt. Ihre Kunst war dadurch reifer, ihre Seele stiller, ihr Herz hellhöriger geworden. Eine Priesterin der Schmerzüberwindung, umfing sie liebend alle, die litten.

Das Leid ist nicht der Veredler der Menschheit, es ist das Thermometer des Edelsinns: es offenbart die wahre Gesinnung, das bessere Ich, das höhere Bewußtsein, die Gott- und Tierverwandtschaft. Der Durchschnittsmensch geht im Leid unter, er wird gleichgültig, blind oder taub gegen seine Mitmenschen. Auf den schwachen Menschen wirkt das Leid verheerend. Der Egoist wird durch das Leid noch selbstsüchtiger, der Harte noch härter, der Krämergeist noch berechnender und mißgünstiger. Galsworthy erzählte in seiner Forsyte-Saga, wie der Schmerz einen seiner Helden lediglich zum Zähneknirschen bringt, und die Forsyte-Menschen versinnbildlichen den Durchschnitt. Dagegen gereicht für den großen und für den edlen Geist alles zum Segen, wie der Schmerz so auch die Freude. Den Dornenkranz, den die Stumpfsinnigen zu allen Zeiten den Geistesheroen aufgesetzt haben, verwandelt er durch das Leuchten seiner Seele in einen Heiligenschein. Den kleinen Menschen verkrüppelt der Schmerz, den großen verklärt er. In der Bequemlichkeit des Alltags, im trauten Heim, bei der Lampe Schimmer, unterscheiden sich die Menschen wenig voneinander. Doch sobald das Haus über uns zusammengestürzt ist und wir mit Coriolan auf die Frage, wo wir wohnen, antworten: „Unter dem Firmament", wenn wir nichts mehr besitzen als das Eigentum der Seele, dann ist Edelsinn von Gemeinheit leicht zu unterscheiden. Es gibt Menschen, die im Schmerz so groß sind, daß ihre unmittelbare Nähe, ihre bloße Gegenwart schon Erhebung bedeutet.

Wenn der Schmerz durchaus nicht auf alle veredelnd wirkt, so kann ich mir doch einen tieffühlenden Menschen, der selbst nie gelitten hat, nicht vorstellen. Leid zwingt zur Selbstbesinnung. Wer nicht durch die Schule des Leids gegangen ist, steht vor dem Lebensbuch wie ein Analphabet.

Das Leid ist die notwendige Voraussetzung zur Verständigungsbrücke zwischen Mensch und Mensch. Ehe man jemand verurteilt, sollte man es stets ergründen, was er gelitten. Wenn du erfährst, warum dein Nachbar in einsamer, nächtlicher Stunde geweint hat, so kann es sein, daß er sich von einem Zufallsbekannten zu deinem Schicksalsgenossen verwandelt, oder gar aus deinem Feind zum Freunde.

Es gibt einen persönlichen und überpersönlichen Schmerz, und in der Mitte zwischen beiden — den Schmerz über das unvollendete Werk, das in gleicher Weise unserem persönlichen wie überpersönlichen Wesen angehört. Verzweifeltes Weh leidet die Mutter, die ihr in Liebe empfangenes Kind durch ein mißliches Schicksal nicht zur Welt bringen kann; einen ähnlichen Schmerz empfindet der Wissenschaftler und der schaffende Künstler, dem das Schicksal es nicht vergönnt, ein begonnenes, mit seinem Herzblut geschriebenes Werk, das Geist von seinem Geiste ist, ein Werk, das alle seine Energiepotenzen in sich aufgesogen und das er mehr als Vater und Mutter, mehr als seine Familie und sein Wohlleben geliebt hat, zu vollenden. Die Seelen der gerechten Verstorbenen kommen ins Himmelreich, doch wo bleiben die Seelen der frühzeitig verstorbenen Werke?, so frage ich mich oft. Der Geist all der unvollendeten Werke, die jetzt von Trümmern zugedeckt worden sind?

Unter den verschiedenen Arten des persönlichen Leids ist das schärfste und ätzendste die Grablegung einer Liebe. Liebe ohne Gegenliebe steigert alle inneren Möglichkeiten. Die unerreichbare Dulcinea begeisterte Don Quichotte zu immer neuen Heldentaten. Bedauernswert ist nicht derjenige, dem die Geliebte nicht in der Sprache der Liebenden antwortet, bedauernswert ist, wem die Fähigkeit zu lieben versagt ist. Wie es amusische, der Kunst gegenüber vollkommen unempfindliche Menschen gibt, so gibt es auch Menschen, die nicht zu lieben verstehen, denen nicht nur Ovids „Ars amandi", sondern jegliche Kunst des Liebens ein mit sieben Siegeln verschlossenes Buch ist. Theresa de Jesus hat einmal so wunderbar gesagt, ihr täte der Teufel leid, denn er vermag nicht zu lieben. Jede Liebe, ganz gleich, ob es eine glückliche oder unglückliche ist, bereichert. Auch in unserer Inferno-Zeit geschehen Wunder, wo reine Herzen sich in dienender Liebe verschenken. Vielleicht leben wir nur insoweit, als wir lieben, und nur durch die Menschen, die wir lieben.

Allein schauerlich ist es, wenn wir gezwungen sind, eine Liebe zu beerdigen, ohne in uns die Kraft dazu zu besitzen. Hat uns jemand den Reichtum seines Herzens geschenkt, die Süße seiner Zärtlichkeit, in uns alle Seelenfeuer entzündet und über sie in stürmischer Nacht gewacht, hat jemand unter unsere Füße die Sternendecke gebreitet und hat uns dann plötzlich in Dunkelheit und Wind, in steiniger Wüste verlassen, dann geht die Sonne nicht mehr auf, das Gebet erstirbt auf den Lippen. Man möchte am liebsten sterben, eigentlich ist man schon gestorben, denn die Seele ist in Liebesweh erstarrt. Eine der grausamsten Lebenswahrheiten, die einzusehen wir uns oft weigern, ist diese: wir können einen Menschen zwingen, seine Geldschulden zu bezahlen; wir können ihn zwingen, bei uns zu bleiben; doch keine Macht der Welt vermag durch Befehle und Gesetze Liebe zu erzwingen. Man kann vor Liebesweh sterben, doch Liebe erzwingen ist unmöglich.

Die Grablegung einer Liebe, in der mehr Düsternis waltet als in der berühmten Grablegung el Grecos, haben unzählige Menschen gekannt, Männer und Frauen; die portugiesische Nonne Marianne Alcoforada (1640—1723) ist durch diesen brennenden Schmerz, den sie in ihren, noch zu ihren Lebzeiten herausgegebenen Briefen kundtat, berühmt geworden. Das kleine Büchlein, das nur fünf Briefe an den treulosen Geliebten enthält, hat in einem

Jahr vierzig Auflagen erlebt und hat viele Nachahmungen und Fälschungen gefunden.

Wir wissen nicht, wer dieser Ritter Noël Bouton de Chamilly war, wir wissen nur, daß sie um seinetwillen ihr Nonnentum, ihre Jungfräulichkeit, ihre Ehre mit Füßen trat. Die an ihn gerichteten Briefe enthalten eigentlich nur zwei Themen; eines ist mit den Worten ausgedrückt: „Die Erinnerung an mein Glück macht meine Verzweiflung vollkommen." Und das zweite Thema: „Wie ist es möglich, daß ich bei so viel Liebe nicht imstande war, Dich ganz glücklich zu machen?" Im letzten, im fünften Brief, ist die Antwort auf diese Frage gegeben: „Man muß geschickt die Mittel herausfinden, die zünden, mit Liebe allein macht man noch keine Liebe."

Ein allgemein menschliches Erlebnis ist hier in beängstigend klare Worte gefaßt. Südliches Temperament hat sich mit romanischer Verstandeskultur vermählt. Und dennoch ist es unbegreiflich, warum gerade diese portugiesischen Briefe in alle Weltsprachen übersetzt und so berühmt geworden sind. Viele andere Frauen haben gleich der portugiesischen Nonne vor verschlossenen Herzenstüren gebettelt.

Mich persönlich haben am tiefsten die Liebesbriefe der Julie de l'Espinasse (1732—1776) ergriffen. Eine Zeitlang war sie, die sich weder durch Namen noch Reichtum noch Schönheit auszeichnete, die Gesellschafterin und Vorleserin der erblindeten Marquise du Deffand, die sie aber aus Eifersucht aus ihrem Hause vertrieb. Nun gründete Fräulein l'Espinasse ihren eigenen charmanten Salon, wo es nicht viel zu speisen, aber immer etwas zu plaudern gab und wo sie mit berühmten Männern ihrer Zeit in Berührung kam. Sie war von einem Dämon der Liebe zum Grafen Guibert besessen. Himmel und Hölle verzehrender Leidenschaft offenbaren sich in ihren Briefen.

Sie weiß, daß der Graf ihrer Liebe nicht würdig ist, sie greift zum Opium, um sich zu betäuben, doch Frieden findet sie nirgends. Verzweifelt fleht und beschwört sie ihn: „Quälen Sie mich nicht... Oh, Sie sollen sehen, wie gut ich lieben kann. Ich tue nichts als lieben. Ich kann nichts, als lieben." Sie haßt den Grafen, weil er in ihr in gleichem Maße Hoffnung und Furcht, Schmerz und Freude geweckt hat. Sie haßt ihn, weil er ihre Ruhe und zärtlichen Freundschaften zerstört hat. Sie weiß, daß sie für ihn nichts anderes war als die Befriedigung seiner Eitelkeit, und dennoch kann sie sich nicht von ihm befreien. Noch im Alter von 43 Jahren schreibt sie ihm: „Ich liebe Sie so, wie man lieben muß: mit Übermaß, mit Wahnsinn, mit Hingerissenheit und Verzweiflung." Und in demselben Brief steht der tiefe und seltsame Satz: „Ja, mein Freund, ich bin vollkommen, da ich Sie mit Vollkommenheit liebe." Sie hat kein Vertrauen zu ihm, er hat ihr den tiefsten und bittersten Schmerz zugefügt, er hat ihr Leben mit Gewissensbissen, Reue und Leiden überhäuft und dennoch fühlt sie sich zu ihm mit einer Kraft hingezogen, mit einem Gefühl, das sie selbst verabscheut, „das aber die Macht der Verdammnis und des Unvermeidlichen hat". Seltsam berührt den Nordländer in diesen Briefen die rein romanische Fähigkeit, die Regungen der glühendsten Leidenschaft mit ungeheurer Präzision zu registrieren: „Sie wissen ja: wenn ich Sie hasse, liebe ich Sie bis zu einem Grade der Leidenschaft, der den Verstand verwirrt."

Die Beerdigung ihrer größten Liebe führte Frau von Stein zu einer würdelosen Verzweiflung. Als Goethe nach zehnjähriger Freundschaft gegen die Iphigenie seines Lebens innerlich abgekühlt war und ohne einen äußeren Grund von ihr ging, die er „die Meinigste", die „Unentbehrliche" genannt hatte, erfüllte sich ihre Seele mit Bitternis, und sie ergoß sich in Schmähungen über den einst

Geliebten. Sie konnte es nicht verstehen, daß Liebe, wie alles Lebendige, keimt, wächst, Früchte trägt, wenn die Zeit gekommen ist, und abstirbt, wenn die Stunde geschlagen hat, und wie den Sternenlauf, so vermag dieses kosmische Gesetz Gott selbst nicht zu verrücken.

Frau von Stein veranlaßte der Tod ihrer größten Liebe zu häßlichen Zornesausbrüchen; doch mit welcher tragischen Schönheit es möglich ist, eine Liebe in die Totengruft zu versenken, das Grab zu bekränzen und ein Denkmal zu errichten, hat die „Frau mit den Mitternachtsaugen" — Eleonore Duse — durch ihr Leben und ihre Kunst bewiesen. Als Gabriele D'Annunzio, dieser eitle, selbstherrliche, genußsüchtige, flammende Sinnenmensch sie verließ, wie er alle Frauen verließ, die seine Neugierde und Phantasie nicht mehr reizten, kam nicht eine Klage, nicht ein Vorwurf über ihre Lippen. Die große Tragödin wußte es wohl: wer eine Liebe, und sei es auch eine gestorbene, schmäht, erniedrigt sich selbst. Die überzeugendsten Beispiele der vulkanischen Kraft der Liebe hat in der schöngeistigen Literatur der Homer des 19. Jahrhunderts, der größte Epiker der Neuzeit, Leo Tolstoi, gegeben. Ich denke hier vor allem an seine zwei Monumentalwerke: „Krieg und Frieden" (die Beziehungen des Grafen Bolkonski zu Natascha) und „Anna Karenina".

Wenn der Tod einer Liebe den größten persönlichen Schmerz bedeutet, dann ist der größte überpersönliche Schmerz — der Verlust der Freiheit. Im mächtigen finnischen Volksepos Kalevala heißt es: „Besser ist's in eigner Heimat Wasser aus dem Schuh zu trinken, als im fremden, fernen Lande Honig aus der goldenen Schale." Wenn dem Vaterlandslosen selbst Honig aus einer goldenen Schale — welch schönes Bild! — nicht mundet, dann ist sein Schmerz, wenn er in der Fremde Wasser aus einem Schuh trinken muß, in Worten unsagbar.

Die Kulturgeschichte kennt zwei gewaltige, zum Sinnbild gewordene Gestalten, die auf verschiedene Art den Untergang ihres Vaterlandes erlebten:

In diesen Tagen, wo das lettische Volk auf einer abbröckelnden Eisscholle mitten im schwarzen Meer der Ungewißheit schwimmt, ersteht vor meinem geistigen Auge oft die von Polyeuktos in Marmor gemeißelte Gestalt des Demosthenes. Seine Hände sprechen von furchtloser, verhaltener Kraft, doch wer seine Gestalt länger betrachtet, ahnt, daß geheimes Weh ihn aushöhlt. Sein Mund ist so bitter, wie nur die Lippen dessen sind, der den Vorgeschmack jener Erniedrigungen spürt, die den Heimatlosen zugefügt werden. Seine Augen sind eingefallen. So tief versinken in ihre Höhlen nur die Augen dessen, der nach innen weint; seine Stirn ist von so tiefen Furchen durchzogen, wie nur der sie kennt, der Tag und Nacht an den unabwendbaren Untergang seines Vaterlandes denkt. Demosthenes war einer der Gesandten, die mit Philipp von Makedonien den Waffenstillstand schlossen, in der Hoffnung, wenigstens einen Teil der griechischen Freiheit und Würde zu retten; doch als Alexander der Große den Thron bestieg, als das stolze Theben zerstört, seine Einwohner zur Knechtschaft in fremden Ländern verurteilt waren und die Griechen ihre Oberherrschaft auf den Meeren verloren hatten, als an Stelle der Demokratie die Oligarchie getreten war, da begab sich Demosthenes auf die Insel Kalaureia und trank den Giftbecher im Tempel Poseidons aus.

Griechenland ging unter, Makedonien siegte, doch es kam der Tag, da auch Makedonien unterging, so wie eines Tages auch Rom die letzten Tage seiner Herrlichkeit erlebte. Aus einer kleinen Eichel wächst ein mächtiger Baum empor, doch eines Tages vertrocknet und stirbt auch der mächtigste Baum. So erblühen und sterben Staaten, auch die gewaltigsten unter ihnen. Glücklich ist zu preisen, wer wie Sophokles in der Blütezeit seines Vaterlandes schaffen und wirken kann; tragisch ist das Schicksal des denkenden Menschen, der zur Zeit eines unabwendbaren Unterganges lebt, ihn deutlich herbeikommen sieht und an dieser Tatsache nichts ändern kann.

Wie sich in Demosthenes der Untergang Griechenlands versinnbildlicht, so in Seneca der Untergang Roms. Die Weisheit Senecas vermochte weder den kranken Wüstling Nero zu bezähmen, noch auch den Untergang Roms zu verhüten; und dennoch suchte er nicht eine Insel Kalaureia auf.

Als man ihn aus dem üppig verschwenderischen Rom vertrieb, wo sein Körper durch warme, duftende Bäder und sein Geist durch Bibliotheken und Gespräche mit Freunden verwöhnt war, und nach der damals wüsten Insel Korsika verschickte, wo er seine Reden kahlen Felsen, Sümpfen und wilden Hirten halten konnte, widmete er seine philosophischen Schriften einzelnen Freunden, in der Überzeugung, daß es dem Wesen nach einerlei sei, ob wir unsere Gedanken zwei oder zwei Millionen Menschen mitteilen. Nie wollte er der Masse gefallen, „denn wie sollte einer der Masse gefallen, der sich eines rechten, sittlichen Verhaltens befleißigt? Nur mit verwerflichen Mitteln ist die Gunst der Masse zu gewinnen... Es ist aber viel bedeutsamer, was du selbst von dir hältst, als was andere von dir halten."

Seneca hoffte, daß sein Schüler Nero das Vorbild des gütigen und maßvollen Herrschers sein würde; allein Nero-Naturen vermag selbst ein Seneca nicht zu bezähmen. Grausamkeit und Brutalität, Laster und Tyrannei, Verbrechen und Mord schlossen den Wirkungskreis des Kaisers ein. Seneca ahnte nicht nur den Untergang Roms, sondern auch sein eigenes Todesurteil, tat aber nichts, um den Tod zu beschleunigen. Bis zur letzten Stunde bewahrte er sein inneres Gleichgewicht, die Heiterkeit der Seele. In einer Zeit, da das Laster herrschte, schreibt er seine unsterblichen Briefe über sittliche Vollendung und wahres Menschentum. Seine Gedanken hebt er in eine zeitlose Sphäre von ewiger Gültigkeit. In seinem Essay „De otio" heißt es: „Ist der Staat so verdorben, daß man nicht helfen kann, von Lastern so zersetzt, daß alle Hoffnung auf Besserung schwindet, dann muß man sich zurückziehen, man muß ein Bürger werden in dem wahren und großen Staat des Kosmos." Als er an den Wert und die Sendung des Römers nicht mehr glaubt, spricht er das Ewige im Menschen an. In den Orgien der Ruchlosigkeit und geilen Wollust wiederholt er immer wieder: der Mensch lebt, um gut zu sein! Bestätige deine Worte mit der Tat! Deine Fehler mögen vor dir sterben! In seiner Abhandlung über die Gemütsruhe spricht er von der heroischen Haltung des Soldaten, der auch auf verlorenem Posten seine Pflicht tut: „Sei Soldat im Geiste! ... Wenn dich das Schicksal vom ersten Platze im Staate verdrängt, bleibe auf deinem Posten und hilf durch deinen Zuruf; und wenn man dir die Kehle zudrückt, bleibe auf deinem Posten und hilf durch dein Schweigen. Niemals ist die Anstrengung eines guten Bürgers nutzlos. Sein Wort, seine Erscheinung, seine Miene, sein Wink, seine schweigende Beharrlichkeit, sein Kommen und Gehen ist von segensreicher Wirkung."

Seneca irrte sich nicht: geistige Größe wirkt und beeinflußt auch aus der Entfernung, über Jahrhunderte, ja Jahrtausende hinweg. Heiden und Christen, Asketen und Vitalisten haben aus dem Born der Weisheit Senecas getrunken und suchen ihn noch heute immer wieder auf. Bis in die neueste Zeit reicht sein Einfluß, durch Montaigne wirkte er auf Nietzsche. Als ich 1944 in wenigen Stunden meinen Koffer packen mußte, um Heim und Heimat zu verlassen, war eines der fünf Bücher, die ich in meiner Aktentasche mitnahm, eine Auswahl von Senecas Schriften.

Als Demosthenes den Schmerz um den Untergang seines Vaterlandes nicht mehr ertragen konnte, rettete er sich in den Tod. Seneca suchte Rettung in philosophischer Weisheit. Heute treffen wir auf allen Lebensstraßen Nachfolger von Demosthenes und Seneca. Achtlos gehen wir an ihnen vorüber, von denen man später Legenden erzählen wird. Mit demselben Recht, mit dem wir unsere Zeit als eine Epoche des Todes und der Selbstmorde bezeichnen, können wir sie auch eine der heiligen Märtyrer nennen, denn sie steht im Zeichen der tragischen Schönheit.

Wenn der hehrste Schmerz der tragische ist, der in den Tragödien der alten Griechen und Shakespeares seinen vollendeten Ausdruck gefunden hat, dann ist der primitivste Schmerz in den Äußerungen des Elends zu suchen. Das Elend wirkt zersetzend. Der tragische Schmerz vermag den Menschen auf eine unerhörte Höhe emporzuheben, ihn gottähnlich zu machen; das Elend dagegen drückt ihn herab, macht ihn dem Tiere gleich, das nur die Sorge um seine Existenz kennt. Wer wochenlang, ja monatelang auf der Landstraße gelebt, in Scheunen und Garagen, der weiß, wie das Elend die kostbarsten Seelengewänder zerreißt; die zarten Tugenden sterben aus, alle die kleinen Dinge, die den Kulturmenschen vom Wilden unterscheiden. An ihre Stelle tritt Ellenbogentum, Berechnung und Verschlagenheit, List und Tücke. Wie Äschylos und Sophokles den tragischen Schmerz für Jahrhunderte offenbart haben, so hat der Amerikaner John Steinbeck in seinem Roman „Die Früchte des Zorns" die vielen Stufen des neuzeitlichen Elends furchtlos dargelegt, ohne allerdings zu einer allgemeingültigen Synthese zu gelangen.

Den wilden, dynamischen Schmerz bezeichnen wir mit dem Wort Verzweiflung. Sie ist das Gewitter der Seele. Der Sturm der Verzweiflung bricht fruchttragende Bäume nieder, zerstört die blühenden Gefilde der Seele. Kaum aber hat das Unwetter sich gelegt, scheint in ozonklarer Luft wieder die mildtätige Sonne der Freude.

Ein tiefer Schilderer der Verzweiflung ist Dostojewskij. Der größte Teil seiner Helden gelangt nach wirrem Schmerzenstaumel zur inneren Harmonie.

Nicht die Verzweiflung ist der gefährlichste Seelenzustand, sondern die Melancholie. Der Verzweifelte kämpft und hofft noch, der von der Melancholie Niedergedrückte hat dem Kampf entsagt und die Hoffnung, den Schild, das Prometheus den Eintagswesen zum Schutz gegen unermeßliches Leid mitgegeben hat, verloren. Ein Leben ohne Hoffnung ist die Hölle. In dieser Hölle lebt der Melancholiker, oft kennt er nicht die Ursache seines Schmerzes, er sucht sie auch nicht, er läßt sich auf den dunklen Gewässern seiner schwarzen Stimmungen treiben, ohne auch nur den Versuch zu machen, an das Sonnenufer zu gelangen.

Schwermut zernagt Seele und Körper. An Schwermut starb Don Quichotte. Weder Hunger noch Mißerfolg noch Schläge konnten ihn zugrunde richten, solange sein Geist kämpferisch gesinnt war; doch als er den Kampf aufgab, ging er zugrunde. Der Tod durch Schwermut ist nicht nur eine Dichter-Phantasie; die moderne Medizin weiß, daß Nerven-, Magen- und Stoffwechselkrankheiten durch Depressionen hervorgerufen werden. Die Schwermut ist der ärgste Feind des Menschen, gefährlicher als Tbc und Armut. Äußeren Feinden kann der Mensch entfliehen, doch wenn er selbst zu seinem Feinde geworden ist, gibt es weder Waffenstillstand noch Rückzug. Die ständige Begleiterin der Schwermut ist stumpfe Gleichgültigkeit gegenüber der Gefahr, sich selbst und seiner Umgebung.

Die tiefste Schwermut klingt vielleicht aus dem Andante Cantabile der V. Sinfonie Tschaikowskis, die so schwarz ist, so mitternachtstief, daß westliche Dirigenten nur selten all ihre Gefühls- und Klangfülle zu entzaubern vermögen.

Eine ausweglose, intellektualisierte Trauer über das Leben, diese „schaurige Entsetzlichkeit", spricht zu uns auch aus den Werken Leopardis; ist doch seine ganze Philosophie nur ein Ausdruck all der Schmerzen, die ihn während seiner neununddreißig Lebensjahre plagten. Für ihn war der Mensch, von der Natur aus gesehen, ein Nichts. Die Natur bringt mit großer Sorgfalt die Geschöpfe hervor, um sie dann der Auflösung und Verwesung zu übergeben. Was zerstört wird, das leidet, und so muß der Mensch, kraft eines unabwendbaren Naturgesetzes, leiden. Die Geschichte der Menschheit bedeutet für ihn einen Abstieg. Einer seiner bekanntesten Aphorismen lautet: „Die Welt wird älter und damit schlechter." Erkenntnis und Wissen sind fortgeschritten, aber die Menschheit im ganzen ist schlechter und unglücklicher geworden:

> „Freches Erdreisten, List —
> Sie werden samt dem Mittelmaß stets herrschen,
> Sie schwimmen obenauf."

Im Schmerz und vom Schmerz kann man nicht leben. Der Schmerz ist etwas, das überwunden werden muß. Auf welchem Wege ist das möglich?

Mir sind dreierlei Wege bekannt:

Das Bewußtsein der Gemeinsamkeit mit allen Schicksalsbrüdern mildert den Schmerz. Wenn alle vom Leid heimgesucht sind, wie darf ich dann so hoffärtig sein und für mich allein eine Ausnahme beanspruchen? Goethe, der ein ausgesprochenes Gemeinschaftsgefühl besaß, hat den Satz geprägt: „Eigenes Geschick geht mir nicht nah, da ich Königinnen weinen sah."

Eine alte Legende erzählt: Einst wurde ein berühmter Fürst auf den Tod krank; das ganze Volk trauerte um den geliebten Herrscher, die Mutter des Fürsten aber war untröstlich, denn sie hing an ihrem Sohne mit abgöttischer Liebe. Der sterbende Fürst litt sehr unter dem Gedanken an seine Mutter und wollte ein Mittel finden, um sie nach seinem Tode zu trösten. Er ließ seinen Minister kommen und gab ihm den Befehl, acht Tage nach seinem Tode ein reiches Gastmahl zu veranstalten und alle einzuladen, die noch nie in ihrem Leben ein Kreuz getragen und verzweifelt geweint haben. Bald darauf starb der Fürst. Die untröstliche Mutter weinte Tag und Nacht. Der Minister erfüllte den letzten Wunsch seines Herrschers und veranstaltete ein außergewöhnlich reiches Gastmahl. Emsige Boten riefen die Einladung im ganzen Lande aus. Eine Menge Diener standen bereit, die Gäste zu empfangen, aber niemand kam. Denn im ganzen Lande befand sich kein einziger erwachsener Mensch, der nicht schon an einem Kreuz zu tragen gehabt hätte. Als die Mutter des verstorbenen Fürsten dies erfuhr, beruhigte sich ihr Herz. Sie erkannte, daß sie und alle Menschen zu einer großen Gemeinde, der Gemeinde der Leidtragenden gehören.

Der zweite Weg liegt im Bewußtsein der Vergänglichkeit aller irdischen Dinge, wie es Prospero in seinem berühmten Monolog ausspricht:

> „The solemn temples, the great globe itself,
> Yea, all which is inherit, shall dissolve,
> And, like this insubstantial pageant faded,
> Leave not a rack behind. We are such stuff
> As dreams are made of; and our little life
> Is rounded with a sleep."

Wie ein Zauberspiel, wie eine Fata Morgana, wird nicht nur unser eigenes Leben, sondern der ganze Erdenball in Staub zerfallen — diese dichterische Vision ist heute wissenschaftlich bewiesen.

Die Vorstellung der Nichtigkeit und Unbeständigkeit alles Irdischen ist für Shakespeare kennzeichnend und läßt ihn alles Geschehene als Spiel und Traum auffassen. Hamlet hält den Schädel Yoriks, des Spaßmachers, in der Hand: „Wo sind deine Schwänke, deine Sprünge, deine Lieder, deine Blitze von Lustigkeit, bei denen die ganze Tafel in Lachen ausbrach?" Einst gab es einen König und seinen Spaßmacher; eine Reihe von Jahren verfließt und von beiden bleibt nur Müll und Moder übrig — so beginnt und schließt das Spiel von Leben und Tod. Nichts ist so sicher ...

Nichts ist so sicher wie die Vergänglichkeit alles Seienden. Wenn dieser Gedanke im Erlebnis der Freude uns wehmütig stimmt, so ist er im Schmerz unser bester Trost. Wenn selbst Sterne am Himmelszelt sterben, wie sollte da der Mensch für sich und seine Werke Ewigkeit beanspruchen?

Physisches Ungemach, heftige körperliche Schmerzen erträgt man leichter, wenn man genau weiß, die Qual dauert nur eine kurze Weile. Bei jedem Weh sollten wir uns sagen, daß es einmal vergeht. Was uns heute noch zur Verzweiflung bringt, darüber lächeln wir meistens morgen schon, und wenn nicht morgen, dann nach einem oder mehreren Jahren. Versuchen wir uns daran zu erinnern, worüber wir uns vor einem Jahr geärgert haben! Sind wir noch heute darüber aufgebracht? Nein! Auch unser heutiger Schmerz wird einmal Vergangenheit sein. Das bezieht sich auf die kleinen Mißhelligkeiten, die Quälgeister des Alltags ebenso wie auf den großen Schmerz; auch der größte dauert nicht ewig. Ich weiß aus eigener

Erfahrung, daß es Schmerzen gibt, die uns unser ganzes Leben begleiten, doch eines Tages werden sie gemeinsam mit uns ins Grab versenkt, und grüner Rasen deckt uns und unseren Schmerz zu. Noch eine kurze Weile und nicht nur unser Schmerz, sondern auch wir selbst sind im Gedächtnis der Menschen ausgelöscht. Die Helden des gestrigen Tages sind heute nur Schatten. Was die Menschen vor Jahr und Tag aufregte, darüber zuckt man heute nur die Schultern; nehmen wir einen alten Jahrgang einer Zeitung in die Hand — fast erniedrigend erscheint es uns, mit welcher Geschwindigkeit die Gipfel unserer Aufmerksamkeit entstehen und vergehen.

In Senecas Werken finden wir den Satz: „Alles ist dem gleichen Lose unterworfen, und was noch nicht erschüttert wurde, kann noch erschüttert werden. Wir irren nämlich, wenn wir glauben, irgendein Teil der Erde sei ausgenommen und von dieser Gefahr verschont."

Der dritte Weg zur Überwindung des Schmerzes ist die Arbeit. Wenn das Bewußtsein der Schicksalsgemeinschaft wie auch der Gedanke an die Vergänglichkeit aller Dinge nur den geistig Hochstehenden zu trösten vermag, dann ist die Arbeit in gleicher Weise für den Durchschnittsmenschen wie für den Ausnahmemenschen der beste Trost gegen Trübsal und Kummer. Arbeit gestattet nicht ein Sich-Hineinbohren in den Schmerz, Arbeit ist der beste Zeitvertilger, und im Schmerz meint man ja, die Zeit stehe stille. Vor allem ist es die schöpferische Arbeit, die über das Elend hinweghilft. Sie ist die größte Erlöserin von aller irdischen Pein. Als Deutschland in der Knechtschaft Napoleons darniederlag und durch Fremdherrschaft zerstückelt wurde, vereinigte Goethe die deutsche Nation in seinem Werk: 1810 erreichte Napoleons Herrschaft ihren Höhepunkt, 1809 erschienen „Die Wahlverwandtschaften". Nicht nur Deutschland rettete Goethe in seinem

Werk, er rettete sich selbst, er erhob sich hoch über die Angriffe von „Kotzebue und Konsorten".

Dante hätte das bittere Brot der Fremde nicht essen können, ihm hätte es an Kraft gefehlt, die steilen Stufen der Verbannung zu ersteigen, wenn er sich nicht in seinem göttlichen Lied sein eigenes Paradies geschaffen hätte, das ihn aus der Hölle des Hasses befreite und über den Läuterungsberg zum ewigen Licht, zum göttlichen Urquell geleitete, der in der Fremde der gleiche ist wie in der Heimat.

Doch nicht nur schöpferische Arbeit befreit, jede systematische, pflichttreue, opferfreudige Arbeit ist das beste Heilmittel gegen Schwermut und Kummer, gegen den Dämon der Hypochondrie. So lange wir das Bewußtsein haben, daß irgendwo ein Mensch die Ausstrahlungen unseres Geistes, die Geschicklichkeit unserer Hände nötig hat, sollten wir nie verzweifeln. Endlos ist die Nacht des Leids; doch wer in der Dunkelstunde seines Mitmenschen auch nur eine Kerze entzündet hat, hat nicht umsonst gelebt.

Die Worte des lieben Gottes, mit denen er die Menschen aus dem Paradies vertrieb, habe ich nie so recht verstehen können. Wenn die Arbeit ein Fluch ist, wie sieht dann, lieber Gott, dein Segen aus? Wenn wir in diesem Jammertal Freude empfinden wollen, dann werden wir sie am sichersten in der Arbeit finden, die Gott und Mensch vereint. Dies ist ein spezifisch lettischer Gedanke. Zeus und Wotan, die höchsten göttlichen Wesen der alten Griechen und der alten Germanen, wie auch jene der Slaven oder Araber, arbeiten nicht; sie schwelgen im seligen Nichtstun. Das höchste lettische Wesen dagegen, einfach Gott — Dieviņš — genannt, pflügt und sät, wie es einem Landmann geziemt. Im Lettischen sind die Worte „arbeiten" und „leben" Synonyma. Selbst in den Gefilden der Seligen ist die Zeit mit Arbeit angefüllt, nur ist dort alle Arbeit von der Mühseligkeit befreit, erfolgreich, schön und licht. Ein Leben ohne Arbeit bedeutet für den Letten entwürdigende Langeweile. Der liebe Gott, Dievinš, geht, in einen weißen Mantel gekleidet, ein grünseidenes Tuch und einen silbernen Saatkorb in der Hand, über die Erde und bestellt selbst die Felder. In dieser Hinsicht ist die französische Auffassung von der Seligkeit der lettischen diametral entgegengesetzt. Es gibt keinen lettischen Dichter, der nicht das Hohe Lied der Arbeit gesungen hätte; doch mit welcher Verachtung spricht einer der französischen Schriftsteller, Stendhal, von der Arbeit, die für ihn mit einem widerwärtigen Schweißgeruch verbunden ist.

Der Schmerz ist allen Lebewesen gemeinsam. Die Marquise du Deffand sagt in einem Brief an Voltaire: „Alle Lebewesen, alle Gattungen erscheinen mir gleich unglücklich, vom Engel bis zur Auster. Das Übel ist, geboren zu sein." Die Schmerzen sind für alle die gleichen, das einzige, was die Geschicke unterscheidet, ist, wie tief der Schmerz erlebt wird und ob die Seele ihn heldenmütig erträgt. Wie wir ein Erdbeben oder eine Überschwemmung durch unsere Vernunft nicht abwenden können, so ist auch der Schmerz unausweichlich. Ein Dahindämmern im Schmerz, ein Leben für den Schmerz ist menschenunwürdig. Wir dürfen aus unserem Schmerz nicht Fesseln schmieden, die uns an Verzweiflung und Melancholie ketten, wir müssen tief in ihn hinabsteigen wie in einen dunklen Bergschacht, ihn ganz durchleben, um aus ihm Marmortreppen zu meißeln, die uns in den Tempel der Freude führen.

Vom Sinn der Freude

„Euer Herz soll sich freuen, und eure Freude soll niemand von euch nehmen."

Joh. 16, 22

„Wenn die Freude den Menschen verläßt, so ist er nicht mehr unter die Lebenden zu zählen, sondern nur mehr ein lebender Leichnam."

Sophokles, Antigone

Ist es nicht Verwegenheit, daß ich in den Tagen des Schmerzes und der Heimatlosigkeit über die Freude spreche? Die Fluten des Leides umbranden uns von allen Seiten und dennoch müssen wir leben, und leben heißt: sich freuen. Wer das nicht mehr vermag, unterliegt nur zu leicht der Versuchung, durch die Tür einzugehen, von der Epikur sagt, sie stehe immer offen.

Die Freude, von der ich sprechen will, ist eine sehr ernste Angelegenheit, weder mit Vergnügen noch mit Genuß zu verwechseln. Es ist die Freude des heroischen Menschen, der nicht um den Schmerz herumgeht, sondern ihn als das Unabwendbare anerkennt und, indem er ihn überwindet, sein Herz neuer Freude öffnet, einer Freude, von der Hölderlin sagte: „Ohne Freude kann die ewige Schönheit nicht recht gedeihen. Großer Schmerz und große Lust bilden am besten den Menschen."

Freude macht gut, doch nur Menschen edler Natur. Der Egoistische wird in der Freude noch habgieriger und vergißt, daß es außer ihm auf der Welt noch andere freude-hungrige Wesen gibt. Doch das geschieht eigentlich mehr in der Belustigung, Zerstreuung, im Genuß, den man in keinem Fall mit der Freude verwechseln darf. Genuß zerstückelt und zerstreut den Menschen, Freude leuchtet und sammelt seine Kräfte. Wie die Himmelssonne das geographische Landschaftsbild, so belebt die Freudensonne die Seelenlandschaft. Genuß befriedigt die Sinne, zur wahren Freude gelangt nur, wer die Kunst der Verinnerlichung besitzt. Am tiefsten offenbart sich die Freude in der Musik, in der absoluten Kunst, in der die Gefühle nicht ihr Abbild, sondern ihren unmittelbaren Ausdruck finden. In der Kunst verlassen wir das Ich-Gefängnis und kehren in die universelle Einheit zurück; daher erweckt alle große Kunst, auch die tragische, erhabene und reine Freude.

Das Teilen eines Genusses macht ärmer, leicht kommt man dabei zu kurz. Das Teilen einer Freude dagegen bereichert. Der Genuß ist egoistisch, die Freude — selbstlos. Ein Glas Wein genieße ich, über Musik freue ich mich. Je mehr Menschen an einem Konzert, an einer Gemäldeausstellung teilnehmen, desto erhabener ist das Kunsterlebnis. Doch auf einer hohen Kulturstufe wird auch mancher Genuß zur Freude.

Seltsamerweise ist es leichter, jemanden zu finden, der unseren Schmerz miterlebt, als unsere Freude. Um Schmerz mitzuerleben, muß die Seele ehrfürchtig und mitleidig sein, um Freude — frei von Neid. Neid ist aber der älteste und am weitesten verbreitete Schädling der menschlichen Seele. D'Annunzio war ein Genußmensch, Seneca ein Philosoph der Freude. Als d'Annunzio im Alter sinnliche Genüsse nicht mehr zugänglich waren, wurde er ein verbitterter, grämlicher Misanthrop. Als der Tod seine Hand nach Seneca bereits ausgestreckt hatte, wurde dieser immer heiterer; alles Irdische fiel von ihm ab.

„Lerne dich freuen!" — forderte Seneca zur Zeit Neros seinen Freund Lucilius in einem seiner moralischen Briefe auf. In diesem Brief heißt es, daß den Höhepunkt und die Grundlage eines sinnerfüllten Lebens nur derjenige kennt, der weiß, worüber er sich freuen soll und wer sein Glück nicht von fremder Gewalt abhängig macht. „Sorge vor allem für eines, mein Lucilius: lerne dich freuen!" Seneca spricht von Freuden, die einen auch in der schwersten Zeit nicht verlassen, und das sind die Freuden innerlicher Art: ein lichter Gedanke, ein gutes Gewissen, ein edler Entschluß, ein klarbewußtes Ziel, das man einmal erwählt und dem man dann das ganze Leben treu bleibt. Die Verwirklichung dieser innerlichen Werte beansprucht die Anspannung aller Kräfte, doch „Anstrengung ist für edle Geister eine Stärkung". Dieser Trost Senecas, wie überhaupt seine ganze Ethik, taugt nur für starke Menschen, schwache gehen daran zugrunde. Je mehr der Mensch sich in sich selbst versenkt, je eher er zur Einsicht kommt: „Gott ist dir nahe, er ist mit dir, er ist in dir", desto eher wird wahre Freude in sein Leben einkehren. Seit Seneca die Menschen zur Freude ermahnte und aufforderte, sind 2000 Jahre vergangen; in dieser Zeit haben die Menschen unglaublich viel hinzugelernt; sie vermögen das, was früher nur kosmische Kräfte, was ein Erdbeben vermochte: in einer Stunde kann der Mensch eine Stadt mit vielen Tausenden von Einwohnern in Schutt und Trümmern begraben. Gott der Herr ließ in seinem Zorn über den Sündenpfuhl Sodoms und Gomorras Schwefel und Asche regnen; jetzt läßt der Mensch in seinem Zorn über Gerechte und Ungerechte Schwefel und Feuer regnen; allein in der Kunst sich zu freuen ist er nicht fortgeschrittener als der alttestamentliche Mensch. Jeder an Körper und Seele wohlgebildete Mensch sehnt sich mehr nach Freude als nach Schmerz, doch wenn man die Frage an ihn richten würde, welches das Leitmotiv seines Lebens sei, so würde die Antwort meistens lauten: „Leid!"

Der Vogel der Freude ist ein scheues Wesen. Nicht in jedermanns Garten baut er sein Nest. Die Blume der Freude ist ein zartes Gebilde, nicht in jeder Seelenerde keimt und gedeiht sie.

Wie muß die menschliche Seele beschaffen sein, um Freude in sich aufzunehmen? Welches sind die Vorbedingungen zu einem Leben, von dem wir nicht am letzten Tage sagen: vergebens!

Unsere Seele muß hellwach und hellhörig sein. Einmal klopft wohl das Glück an das Fenster eines jeden Menschen, doch wer auf das leise Pochen nicht öffnet, hat den großen Augenblick seines Lebens verspielt. Mancher schläft bis in den Mittag hinein und beklagt sich am Abend, daß er Sonnenaufgang und Morgentau nicht erlebte.

Unsere Seele muß bereit sein zum Wagnis, kühn und tapfer. Es gehört mehr Anstrengung dazu, auch nur eine Feder aus den Schwingen des Vogels der Freude sich zu erobern, als sich von der Flut des Schmerzes treiben zu lassen. Der Schmerz ist auch ohne unser Zutun da, doch die Freude nur, wenn wir selbst sie uns schaffen. Das Lebenskreuz wird uns auferlegt, doch die Blume der Freude müssen wir selber in unseren Garten pflanzen oder suchen gehen. Sie wächst an einem steilen Abhang und nur eine furchtlose Hand kann sie pflücken.

Nur dem Geduldigen öffnet sich die Blume der Freude. Wer eine Knospe frühzeitig aufbricht, wird nie ihre volle Entfaltung erleben. So mancher geht kurz vor Sonnenaufgang an der Finsternis zugrunde, mancher am Winterfrost, weil es ihm an Geduld gebricht, in der kältenden Leere das Lied des Himmelsorganisten, der Lerche, zu erwarten. Hätten die Ungeduldigen nur eine Ewigkeitsminute länger ausgeharrt, hätte das Lied der Freude ihr Leben durchdrungen.

Eine unerläßliche Vorbedingung zur Freude ist das Wohlwollen Menschen, Tieren und Dingen gegenüber. Dieses besitzt der innerlich Freie, der in sich ein Leuchten trägt, das nicht die Himmelssonne, sondern sein eigenes Herz entzündet hat. Wer mit diesem Leuchten begabt ist, der erwartet nicht, daß ein Stern zu seinen Füßen niederfalle. Er freut sich über einen reifen Apfel, über das Lächeln seines Freundes, über einen Sonnenstrahl am kalten Tage. Es gibt Stimmungen, wo der Mensch sich über alles freut, und an solchen Tagen kommt ihm die ganze Welt hold und selig entgegen, alles Lebendige ist ihm verwandt, alles klingt und gelingt. Doch sind wir mißmutig und gereizt, legt sich alles schwer auf das Gemüt. Die Arbeit entfällt unseren Händen, wie mit einer stumpfen Säge werden die Tagesstunden vom Lebensbaum gesägt. Ein kleines Volkslied sagt:

> „Alle sind mir wohlgesinnt,
> wenn ich selber gütig bin.
> Alle meine Feinde sind,
> wenn ich feindselig gesinnt."

Diese lichte innere Stimmung ist häufig die Folge eines guten Gesundheitszustandes; sie kommt zu uns nach einer gelungenen Arbeit, nach tiefem, gesundem Schlaf, oder auch, wenn nach vielen regnerischen Tagen wieder einmal die Sonne scheint. Doch das Ziel des Lebensbejahers, des Bergsteigers, des heroischen Menschen ist es, diese Stimmung nicht als etwas Sekundäres, sondern als etwas Primäres in sich zu festigen, sich nicht durch andere Ereignisse bestimmen zu lassen, sondern sie zum Bestimmer anderer Ereignisse zu machen.

Das Ziel der Körperhygiene — absolute Gesundheit, ist unerreichbar; ebenso das Ziel der Seelenhygiene — absolutes Wohlwollen; allein die Forderung bleibt bestehen. Gleichgesinnte Seelen wecken in uns Wohlwollen; doch sollte es nicht möglich sein, allen Menschen gegenüber ein solches zu empfinden? Der heilige Francesco trug ein so aufrichtiges, glühendes Wohlwollen in seiner Brust, daß selbst reißende Tiere durch seine Nähe zahm wurden. Aber er war ein Heiliger.

Wenn es die Vorbedingung zu einem Leben ist, das nicht zur Lästerung von Himmel und Erde werden soll, so ist Wohlwollen unumgänglich nötig für alle, die mit lebendigen Menschen zu tun haben, die über das Schicksal Lebender entscheiden: für Erzieher, Ärzte, Richter. „Und bedarf es denn im Leben eines Staatsdieners, in Behandlung der Menschen nicht auch der Liebe und des Wohlwollens?" sagte Goethe am 12. März 1828 zu Eckermann, als die Erfahrungen seines reichen Lebens sich rundeten. Heute ist der Friede geschlossen, doch die Menschen und Völker haben sich in Haß, Nichtachtung und Selbstdünkel so ausgiebig trainiert, daß sie nur Mißtrauen, Mißgunst und Mißbilligung gegeneinander empfinden.

Glücklich, wer mit einem heiteren Temperament geboren ist. Die romanischen Völker haben ein unübersetzbares Wort, das den Abglanz südlichen Himmels in sich birgt: serenitas, das ungefähr dem deutschen Wort Heiterkeit, oder, um ein Wort Nietzsches zu gebrauchen, „Güldene Heiterkeit" entspricht. Der heitere Mensch erhellt und durchsonnt den Raum durch seine bloße Gegenwart, die Heiterkeit der Seele strömt über Dinge und Menschen und verschönt alles Seiende.

Humorbegabte Menschen sind meistens auch wohlwollend. Sie sehen die Kleinigkeit und Jämmerlichkeit der Welt und lachen darüber, ohne den Glauben an den Menschen als solchen zu verlieren. Wer Sinn für Humor hat, sieht im Alter noch jung aus, er hat das Geheimnis nie welkender Jugend entdeckt.

Der gewöhnliche Mensch kennt nicht grundloses Wohlwollen; er trägt den Stempel des Egoismus, der Verschlagenheit, der Habgier und des Neides. Selber in einer niedrigen Sphäre hausend, setzt er auch bei anderen niedrige, selbstische Instinkte voraus. Wohlwollen ist ein Kennzeichen des edlen Menschen, es trennt von der Herde und hebt weit über die Masse hinaus.

Wohlwollen strahlen jene seltenen Menschen aus, die die höchste aller Tugenden besitzen: „Ungemein ist die höchste Tugend, unnützlich, leuchtend ist sie und mild im Glanze, eine schenkende Tugend ist die höchste Tugend." Also sprach Zarathustra. Doch wer versteht heute zu schenken? Die meisten treiben Tauschhandel und nennen das Schenken. Wahrhaftes Schenken ist dort, wo der Gebende im Geben ebenso glücklich ist wie der Nehmende, und wo die Grenze zwischen Austeilen und Empfangen ausgelöscht ist. Wer in der Liebe und in der Freundschaft, ob zu Hause oder in der Fremde und auf Reisen, die höchste aller Tugenden verwirklicht, wer mehr Verständnis ausstrahlt als Verstehen heischt, wer austeilt, ohne auf Bezahlung zu warten, wird immer in der Hand eine Blume der Freude halten. Unser Leben ist so entseelt, vertölpelt und verdürftigt, das Herz des Menschen so geizig und träge geworden, daß sich das Nietzsche-Wort vom Schenken nur zu oft bewahrheitet: „Wieviel ihr dem Freunde gebt, das will ich auch meinem Feinde geben und will nicht ärmer damit geworden sein."

Wie der Seufzer der Ausdruck der Schwermut ist, so ist das Lächeln der Ausdruck der Güte und des Wohlwollens. Die olympischen Götter verstanden zu lachen; bekannt ist das homerische Gelächter, doch sie lächelten nicht. Tierliebhaber behaupten, daß Hunde lachen; doch nie spricht man von einem Lächeln der Tiere, ebensowenig wie vom Lächeln der Wilden, der Bewohner der Urwälder, die durch tierischen Ernst gekennzeichnet sind. Nur der Kulturmensch lächelt, und in seinem Lächeln liegt kosmische Kraft. Das Lächeln schlägt Brücken von Mensch zu Mensch, es erhebt uns über die engen Grenzen der Völker und Sprachen, es ist ein Zeichen der Allmenschlichkeit, ähnlich wie das Sinnbild des Roten Kreuzes. „Nicht die Sonne ist Licht. Erst im Menschengesicht wird das Lächeln als Licht geboren", sagt Franz Werfel.

Die wichtigste Vorbedingung zur Freude ist die Unversehrbarkeit der Seele, die schon Aristoteles gepriesen und die in unserer Zeit ihren schönsten Sänger im englischen Romanschriftsteller Charles Morgan, dem Kammermusiker der Seele, gefunden hat.

Ein großer Teil der Ereignisse hängt nicht von uns ab, nur die Vorstellung von den Ereignissen liegt in unserer Macht; aber wie eitel und verzeichnet sind bisweilen unsere Vorstellungen! Ein Teil unserer Schmerzen, besonders die, die mit der Eitelkeit zusammenhängen, sind nur Schein. Ein guter Kenner menschlicher Eitelkeit, Oscar Wilde, sagt in einem seiner blitzenden Aphorismen: „Nichts nimmt der Mensch so übel, als wenn er zu einer Gesellschaft die erwartete Einladung nicht erhält."

Unbefriedigter Ehrgeiz, verletzte Eigenliebe, kleinliche Selbstgerechtigkeit und hundert andere Eitelkeiten verursachen schlechte Stimmung, Unzufriedenheit, Depressionen. Je mehr jemand am Minderwertigkeitsgefühl krankt, desto leichter ist er verletzbar; diese Wahrheit bezieht sich auf einzelne Individuen wie auf ganze Völker. Starke, selbstbewußte Nationen bringen satirische Schriftsteller hervor, die ohne Barmherzigkeit Fehler und Sünden aufdecken; so hat Cervantes, so hat Galsworthy veredelnd auf sein Volk gewirkt. Die Existenz der satirischen Schriftsteller beweist, daß ein Volk sich vor der Kritik seiner Ideale nicht zu fürchten braucht. Kennzeichnend ist es, daß bisweilen gerade die satirischen

Schriftsteller am meisten von der Eigenart ihres Volkes in sich bergen. Ist Cervantes nicht der spanischste aller spanischen Schriftsteller? Und wer Galsworthy nicht nur gelesen, sondern studiert hat, weiß von England mehr als so mancher Engländer. Das gleiche läßt sich auch vom humorvollen Sinclair Lewis sagen. Nicht die Amerikaner und Amerika verlacht er, aus einem Vollkommenheitsverlangen heraus stellt er die Schwächen seiner Zeitgenossen an den Pranger.

Viel Verdruß wäre dem Menschen erspart, wenn er die Gleichung zwischen Ich und Außenwelt richtig zu lösen verstände, unabhängig von den Urteilen seiner Mitmenschen, nur dem strengen Richter, dem eigenen Gewissen, untertan. Wenn der Blick nach innen gerichtet wäre und der Mensch das so schwer zu erreichende Gleichgewicht zwischen einem gesunden Selbstbewußtsein und einer edlen Bescheidenheit fände, dann würde die Freude mit flatternden Fahnen in sein Inneres einziehen. Wer zuviel Selbstbewußtsein besitzt, verfällt der Selbstheit, der Selbstverherrlichung, dem Größenwahn; wer zuwenig davon hat, krankt am Minderwertigkeitsgefühl, wird zum Narren, zum Toren. Ein vollkommenes Gleichgewicht ist für den lebendig empfindenden Menschen eine Aufgabe, die nur die Weisen, die Gipfel der Menschheit, und auch die nur zeitweilig erfüllt haben. Als Sokrates einen Fußtritt erhielt und seine Schüler sich wunderten, wie gelassen er das hinnahm, antwortete er: „Würde ich denn, wenn mich ein Esel gestoßen hätte, ihn verklagen?" Als ein anderes Mal ihn jemand fragte, ob ihn die häufigen Schmähungen nicht verletzten, antwortete er: „Nein, denn was man da sagt, paßt nicht auf mich." Selbst einem so geruhsamen Geist wie Goethe gelang es nicht immer, in den kleinen Mißhelligkeiten des Alltags sein inneres Gleichgewicht zu bewahren. Was hatte er für Zwistigkeiten mit „Kotzebue und Konsorten"! Er machte sich Luft, indem er kleine Gedichte verfaßte, die er nicht veröffentlichte; dadurch befreite er sich, wie uns Eckermann berichtet, von dem fatalen Gefühl des Mißwollens, das er sonst gegen die böswilligen Anfeindungen seiner Gegner hätte nähren müssen. Wie schmerzvoll klingen seine Worte:

> „Sie wollen mir keinen Beifall gönnen,
> du warst nie nach ihrem Sinn.
> Hätten sie mich beurteilen können,
> wäre ich nicht, was ich bin."

Die Zunge des Menschen ist seltsam eingerichtet: sie wiederholt lieber abfällige als günstige Urteile. Das geschieht aus zwei Gründen: aus Neid und aus Beschränktheit. Der Durchschnittsmensch erträgt lieber die Fehler seiner Mitmenschen als ihre Überlegenheit. Jeder Einsiedler des Geistes hat das erleben müssen. Hölderlin sagt vom Menschenbeifall:

> „Ach der Menge gefällt, was auf den Marktplatz taugt,
> Und es ehret der Knecht nur den Gewaltsamen.
> An das Göttliche glauben die allein,
> die es selber sind."

Aus Neid erschlug Kain den Abel, aus Neid verkauften die Brüder Joseph, Neid ist seit der Erschaffung der Menschen das zersetzende Gift der Kulturgeschichte. Wie treibt in den Tragödien Shakespeares dieses Gift sein verheerendes Werk! Der große Psychologe Hamlet sagt zur blumenzarten Ophelia: „Sei so keusch wie Eis, so rein wie Schnee, Du wirst der Verleumdung nicht entgehen." Und im „Sturm" beugt sich das Ungeheuer Kaliban, der häßliche Säufer, nicht vor dem weisen, lichten Prospero, sondern vor dem trunkenen Taugenichts, dem Kellner Stephano; die Götter kennen einander, doch die Schufte erkennen einander an.

Nicht nur Shakespeares Kaliban irrt sich in der Wahl seines Gebieters; wer seine enge Zelle und sein Traumland verläßt, ist gezwungen einzusehen, daß nichts so unvollkommen, fehlerhaft und wankelmütig ist wie das Urteil Lebender über Lebende. Der Nachbar verleumdet den Nachbarn, das Volk irrt sich im Urteil über seine Führer, und im Grunde dieses Urteils liegt Unbeständigkeit und Unselbständigkeit des Denkens. Auch ist niemand so groß, daß ihn böse Zungen verschonen würden. Shakespeares Coriolan, dieser Mann von wahrem Adel, dieser starke Römer, der mit stolzem Herzen trug der Demut Kleid, der in gleichem Maße mutig und mitleidig war, der Roms Feinde in siebzehn Schlachten besiegte, alle Kriegsbeute von sich wies, vom Gedanken begeistert, für Rom sein Leben zu opfern, und dessen im Kriege geschlagene Wunden Gräbern auf geweihtem Boden glichen, wird in derselben Stunde, in der er einstimmig zum Konsul gewählt ist, ein Volksverräter genannt und in die Verbannung geschickt. Voll Bitternis sagt er von der Masse, daß sie bei der Begegnung mit einem großen Mann nur drei Dinge verstände: zu gähnen, zu staunen und zu schweigen.

Rückhaltlos vermag der Durchschnittsmensch nur den zu bewundern und zu verehren, der gestorben ist, denn die Toten beneidet niemand, und die Toten bedrohen niemand durch ihre Überlegenheit. Unbegreiflich ist die Blindheit der Menschen den Lebenden gegenüber und die Liebe zu den Toten und ihren Behausungen. Beim Abwägen geistiger Werke irren seltsamerweise nicht nur die Durchschnittsmenschen und die breite Masse, auch die Großen sind im Abgeben ihres Urteils oft engherzig und kurzsichtig. So nennt Schopenhauer, der selbst so empfindsam gegen die Verständnislosigkeit seiner Umgebung war, Hegel einen „Kopfverdreher und Unsinnschmierer".

Und Lope de Vega schreibt von seinem größten Zeitgenossen: „Es gibt keinen schlechteren Dichter als Cervantes und keinen dümmeren Leser als den, der den Don Quichotte rühmt." Würde man in einem Band alle abfälligen Urteile über die Klassiker sammeln, so entstände ein überaus interessantes, der menschlichen Beschränktheit, um nicht zu sagen der menschlichen Dummheit geweihtes Buch. Dieses Werk würde zur Unversehrbarkeit der Seele beitragen, denn der Leser wäre gezwungen einzusehen, wie einfältig, unbegründet und willkürlich Menschenbeifall ist.

Die Unversehrbarkeit der Seele, die eine Vorbedingung zum freudeerfüllten Leben ist, darf man in keinem Fall mit Dickhäutigkeit und Stumpfsinn verwechseln. In der griechischen Kulturgeschichte hat sich eine lehrreiche Anekdote aufbewahrt: Auf einem Schiff entstand Feuer. Alle Reisenden liefen entsetzt umher, schrien, rangen die Hände, sprangen vor Angst ins Wasser. Nur zwei Wesen verhielten sich vollkommen ruhig: der meditierende Philosoph und das fressende Schwein. — Wenn ich hier von der Unversehrbarkeit der Seele spreche, so meine ich selbstverständlich nicht Mangel an Sensibilität, denn gerade die Feinempfindsamkeit unserer Sinne und die Hellhörigkeit unseres Herzens, wie auch das Wachsein unserer Seele, sind die Bereicherer menschlichen Lebens.

Die unversehrbare Seele ruht in sich selbst, in Gott, in einem absoluten Wert. Der Besitzer einer solchen Seele weiß, daß uns nur so viel gehört, als wir uns selbst mit unseren Händen erarbeiten, in unserem Geiste aufbauen, in unserem Herzen verschenken können. Verloren sind wir, wenn wir von der Erwartung leben, unsere Umwelt möge uns anerkennen und bewundern, verteidigen und beglücken. Selig sind die unversehrbaren Herzen, denn sie werden Sieger sein. Und „übrigens, wie es das heilige

Schicksal will! Wir können nicht Berge zu Tälern und Täler zu Bergen machen. Aber wir können uns auf dem Berge des weiten Himmels und der freien Luft und der stolzen Höhe und im Tale der Ruhe und Stille freuen, und mit den Lieblichkeiten und Herrlichkeiten, die wir von oben herab übersehen hätten, um so vertrauter werden." (Hölderlin)

Eine weitere Voraussetzung zur Freude ist innere Stille und Abgeschiedenheit. Ist der Mensch gezwungen, immer in der Menge zu leben, so will es sein Selbsterhaltungstrieb, daß er sich der Herde anpasse. Die Tiefendimension des Ichs verliert sich, persönliche Initiative versiegt. Kann der Mensch sein Leben nicht aus dem eigenen Glase leeren, so ist er gezwungen, seinen Hunger aus dem Gemeinschaftstopf zu stillen, sein geistiges Gesicht verwischt sich immer mehr und führt nur ein halbes Dasein. Die Gedanken atrophieren sich, die Sinne stumpfen ab, die Seele verliert ihre Schwungkraft. Man kennt Unterhaltungen und Zeitvertreib aller Art, doch fremd ist Zeit- und Icherfüllung. Man nimmt an Vergnügungen teil, doch von uns flieht der Vogel der Freude, erschreckt von unserer inneren Leere.

Je mehr jemand seinen eigenen Lebensstil hat, desto schwerer fällt es ihm, sich zu uniformieren. Als Montaigne die Lebensmitte erreicht hatte, zog er sich in die Einsamkeit zurück, wo er bis ans Lebensende den größten Teil seines Lebens im geliebten Bibliotheksraum verbrachte und jene Essays schrieb, die die Freude am Leben erhöhen. Bekannt ist sein Ausspruch: „Es ist leichter, immer als nie allein zu sein." — Als man Dostojewskij, der eben von der Zwangsarbeit aus Sibirien heimgekehrt war, fragte, was das Schwerste gewesen sei, bekannte er: „Daß ich im

Laufe von vier Jahren nicht einen Augenblick allein gewesen bin."

In allen Völkern und zu allen Zeiten hat es unter den Individualisten Lobsänger und versunkene Lauscher der Stille gegeben. Denken wir nur an die Kleinodien des Belgiers Maeterlinck oder an den Franzosen Duhamel, der kurz vor dem Zweiten Weltkrieg Europa den Vorschlag machte, in jedem Lande einen besonderen Park der Stille zu errichten, wo der Mensch, abgeschieden von allem Lärm und der hohlen Geschwindigkeit des drangvollen Alltags, sich in sein eigenes Innere retten könne. Vielleicht wäre es nicht zum Zweiten Weltkrieg gekommen, wenn man in allen Ländern einen solchen Park errichtet hätte.

Schopenhauer sagt: „Die Eminenz des Geistes neigt zur Ungeselligkeit", und in der Verwertung dieses Gedankens ist Graf Hermann Keyserling sein Erbe. In den „Betrachtungen der Stille und Besinnlichkeit" lesen wir: „Die Kultur der Abgeschiedenheit ist das Wichtigste, das Allerwichtigste, gerade vom Standpunkt der Gemeinschaft." Nur der vermag der Gemeinschaft zu dienen, sie zu erziehen und zu bereichern, der in abgeschiedener Zurückgezogenheit sein Gewissen geläutert und seine Gedanken gesammelt hat. Hier seien noch zwei deutsche Sänger der Stille genannt: der Magier der Innerlichkeit und Besinnlichkeit Hans Carossa und der ihm verwandte, nur viel weichere Ernst Wiechert. Im „Einfachen Leben", dem Buch der Stille und deutschen Treue, kehrt Wiechert immer wieder zum stillsten Ding, dem Stein, zurück, und weist darauf hin, daß die Liebe, der größte Besitz, am reinsten ist, wenn man nichts für sich haben will. Zu seinem Kriegskameraden gewandt, sagt er: „Wir müssen uns nur abgewöhnen, die Peitsche in der Hand zu halten."

Treffen wir bei allen Völkern vereinzelte Lobsänger

der inneren Sammlung und des Schweigens, so gibt es bei uns Letten keinen einzigen Dichter, der nicht die Stille gerühmt hätte.

„Wie einer ist, so ist sein Gott" — die Wahrheit dieses Goethewortes hat jeder erfahren, der sich mit weltanschaulichen Studien einzelner Völker beschäftigt hat. Man kann diesen Satz auch umkehren: wie der Gott, so das Volk. Die Gottesvorstellung ist der konzentrierte Ausdruck der Weltbetrachtung eines Volkes, die schwere, goldne Ähre, in der sich alle Körner der Weltbetrachtung sammeln. Die alten Letten kannten nur ein höchstes göttliches Wesen, Dieviņš genannt, das so allein und abgetrennt lebt, daß der anonyme Volksliedverfasser in seiner einfältigen Schlichtheit fragt: „Lieber Gott, was wird mit Dir geschehen, wenn wir alle sterben werden, weder Kind, noch Frau hast Du, wer wird im Alter Brot Dir geben?" Alle seine Handlungen und Worte sind leise und behutsam. So still reitet er vom Berg ins Tal, daß nicht einmal die zarten Faulbaumblüten von seinem Ritt erzittern. Wo er erscheint und weilt, verstummen die Worte der Menschen.

Von allen Heiligen ist dem Letten wohl Johannes der Schweiger am teuersten: dieser Armenier verließ mit achtzehn Jahren die Stadt Nikopolis, zog sich in eine einsame Zelle zurück und sprach vier Jahre lang mit niemandem als nur mit dem speisebringenden Bruder.

In der Malerei spricht die tiefste Stille zu uns aus dem Bilde des genialen, kosmisch berauschten Litauers Ciurlionis: auf dem Gipfel eines hohen Berges sitzt ein einsames, kleines Kind; es hat die Hand ausgestreckt, um einen abgeblühten, samentragenden Löwenzahn zu pflücken. Ringsum ist es so still, daß man zu hören glaubt, wie die Samen sich vom Samenkorb lösen und durch den Ewigkeitsraum wehen.

In der Musik wird uns das tiefste Erlebnis der Stille in der Bergpredigt der neuen Zeit, in der Neunten Sinfonie zuteil: der ganze gewaltige Orchesterkosmos hält den Atem an, eine kurze Pause entsteht, ehe die Celli zum ersten Male das Motiv der Freude einfach und schlicht aussprechen.

Im Menschen wohnen Tier und Gott in banger Nachbarschaft. Das Leben in der Herde erweckt in ihm nur tierische Instinkte, die göttliche Stimme spricht zu ihm nur im Alleinsein. Christus ging in die Wüste, in absolute Abgeschiedenheit, ehe er den Menschen das Evangelium brachte. Und auch derjenige Prophet, der sich am weitesten von Christus entfernt hatte, Zarathustra, ging, als er dreißig Jahre alt war, ins Gebirge und genoß seines Geistes und seiner Einsamkeit, um zu den Menschen zurückzukehren und ihnen eine neue Lehre zu bringen.

Viele Eudämonologen setzten als Grundstein eines glücklichen Lebens die Gesundheit. Der englische Materialist, der scharfsinnige, doch engbegrenzte Positivist Arnold Bennet, hat in einem seiner Bücher die amüsante Formel geprägt: „Be healthy and you will be happy!" Er behauptete, daß gute Stimmung nicht von einem reinen Gewissen, von geistiger Regsamkeit, sondern einzig und allein von guter Verdauung abhänge. Für Bennet ist Gesundheit Selbstzweck. Im selben Maße, wie Bennet der Philosoph des Durchschnittsmenschen ist, in gleichem Maße ist Schopenhauer der Philosoph des Edelmenschen. Doch auch er behauptet in seinen „Aphorismen zur Lebensweisheit", daß Gesundheit alle übrigen äußeren Güter überwiege und ein gesunder Bettler glücklicher sei als ein kranker König. „Überhaupt aber beruhen neun Zehntel unseres Glückes allein auf der Gesundheit. Mit ihr wird alles eine Quelle des Genusses." Zweifellos ist Gesundheit von den äußeren Gütern das höchste. Krankheit ist der Verlust persönlicher Freiheit. Nicht das physische Ungemach ist das schlimmste, sondern das Gefühl der Abhängigkeit vom Mitleid und Verständnis, von der Güte und Einfühlung der anderen, das Bewußtsein, daß unsere Energie sich nicht in nützlicher oder schöpferischer Arbeit verausgabt, sondern von der Krankheit sinnlos aufgezehrt wird. Krankheit ist ein Fluch der Menschheit, wie das schon Sophokles in seiner Tragödie Philoktet geschildert hat: „Oh, wie wenig vermag der Mensch, und es trifft das schwerste Geschick die Größten der Erde!"

Wie Philoktet, habe ich immer am schwersten begreifen können, weshalb Gott, als er die Welt schuf, auch den bösesten und häßlichsten aller Dämonen, die Krankheit, ins Leben rief. Gottes Sohn starb am Kreuz, doch weder die Götter der heidnischen noch der Gott der christlichen Welt ist je krank gewesen. Hat Gott den bösen Dämon der Krankheit geschaffen, damit der Mensch in seiner Entwicklung gehemmt werde und Titanensehnsucht, Hybris, ihn nicht heimsuche? Der Tod ist Naturnotwendigkeit, ohne ihn wäre neues Leben nicht möglich. Die alten Blätter müssen verdorren und abfallen, damit neue sprießen und grünen können. Warum ist aber Krankheit, dieser Freudenzerstörer, dieser Henker von Jugend und Schönheit in unser Leben getreten? Warum kann der Gelehrte nicht mit der Füllfeder in der Hand und der Bauer beim Pflug auf dem Felde den letzten Atemzug tun?

Die Kulturgeschichte lehrt uns, daß nicht nur gewöhnliche Menschen, sondern auch die Heroen des Geistes durch Krankheit zu einer ausweglosen Melancholie gezwungen oder zu tragischen Gestalten geworden sind. Wäre Leopardis zarter Körper nicht so verkrümmt und verwachsen gewesen, hätte sein Augenleiden ihn nicht dazu gezwungen, wochenlang untätig zu verharren, so wäre seine leidenschaftliche, lebens- und liebeshungrige Natur wohl kaum zur Erkenntnis gekommen: „Tutto è vano, tutto è male, tutto è nulla." Und was hätte ein Schubert nicht alles erreicht, wenn ihm das Alter eines Händel vergönnt gewesen wäre!

Die Verbindung von Krankheit und Begabung oder Edelsinn stammt wohl aus dem Mittelalter, als Bresthaftigkeit von der Kirche als Gott wohlgefällig angesehen wurde: wer körperlich siech war, entfremdete sich der Welt und näherte sich Gott — die Abtötung des Fleisches war ein Mittel zur Erlangung der ewigen Seligkeit. Aber nirgends hat Jesus körperliches Ungemach gepriesen und Kranke heilte er, wie und wo sie ihm begegneten; auch ist nicht bekannt, daß er bei der Wahl seiner Jünger denen, die mit einem körperlichen Leiden behaftet waren, den Vorzug gegeben hätte.

Dennoch hat Bennet nicht recht, daß Gesundheit gleichbedeutend mit Lebenserfüllung und Freude sei. Gibt es doch viel mehr gesunde Menschen als glückliche, und viele, die trotz schwerer physischer Krankheiten Licht ausgestrahlt haben. Auch gibt es solche, die gar nicht wissen, daß sie den Todeskeim in sich tragen, und diese sind vielleicht die Glücklichsten.

Hätte Schopenhauer recht, daß ohne Gesundheit Heiterkeit des Geistes nicht möglich sei, so müßten alle schaffenden Geister der Melancholie verfallen. Die neuzeitliche Pathographie hat eine schauerliche Statistik aufgestellt: kein Genie ist gesund gewesen, alle haben an schweren Krankheiten, viele an unheilbaren, gelitten. Ein Genie mit athletischer Körperkraft ist nicht denkbar, doch darf man in keinem Fall diesen Satz umkehren, daß körperliche Anfälligkeit und Siechtum schon ein Freibrief zu talentvollen oder gar genialen Leistungen sei. Krankheit ist ein Hemmschuh, für kleine wie große Geister, doch wo das geistige Leben stärker ist als das physiologische, kann der Mensch trotz Krankheit eine Freudensonne in sich tragen und mit einem leuchtenden Licht den Weg der Mühseligen und Beladenen erhellen. Nicht nur die Biographie der Geistesheroen, auch das Alltagsleben weist erschütternde Beispiele auf. Ich erinnere an den Pastellmaler Turgenjew und an seine kleine Schilderung „Die lebende Reliquie": die junge Bäuerin Lukerja liegt schon viele Jahre krank an ihr Bett gefesselt, doch ihrem Herzen entströmt ein solches Leuchten, daß selbst der verwöhnte Aristokrat Turgenjew von diesem Licht gebannt ist. — Der mächtige Finne Sillanpää schrieb die Erzählung von der früh verstorbenen Magd Silja: während des Weltkrieges liegt sie an der Schwindsucht krank in einer verlassenen Scheune, doch alle Saiten ihrer Seelenharfe vibrieren in Freude und Schmerz. Einer der farbigsten Schriftsteller der zeitgenössischen französischen Literatur, der Vitalist Jean Giono, läßt in seinen Romanen immer wieder das Motiv der Freude erklingen: der Mensch lebt nur so lange, als er etwas zu seiner Freude hat, und sei es auch nur eine schmackhafte Pfeife oder eine Blume im Knopfloch.

Geist ist seinem Wesen nach freudig, im Gegensatz zur „tierisch ernsten" Materie. Je stärker, je unabhängiger, je göttlicher der menschliche Geist, desto erfolgreicher ist sein Kampf gegen den Dämon der Zersetzung, die Krankheit.

Einige Beispiele mögen meinen Gedankengang verdeutlichen.

Die Marquise du Deffand war eine der bedeutendsten Frauen des Rokoko-Zeitalters, eine Königin im Reiche des Geistes (1697—1780). Sie schwärmte für Shakespeare; feinsinnig erkannte sie die Unterschiede zwischen französischer und englischer Kultur; eine begeisterte Anhängerin von Montaignes „philosophischen Rhapsodien", kannte sie Lukrez und Ovid. Der bissige Idealist und anspruchsvolle Mensch Voltaire ist ihr Freund für Lebenszeit; sie teilt seine satirische, philosophische Haltung gegen den falschen Optimismus. In einem Brief an Voltaire schreibt sie: „Ihr letzter Brief ist göttlich. Wenn Sie oft ähnliche schrieben, würde ich die glücklichste Frau der Welt sein und mich nicht mehr über Mangel an Lesestoff beklagen." Sie steht in lebhaftem Gedankenaustausch mit den Großen der damaligen französischen Geisteskultur; ihr Salon ist das Zentrum des Pariser Geisteslebens. Aus ihrer Biographie wissen wir, daß sie die letzten 25 Jahre ihres Lebens, als sie den Höhepunkt ihres Einflusses erreicht hatte, blind war. Nicht durch Jugend und Schönheit fesselte sie die Menschen in ihren Bannkreis — in ihrer Jugend erfreute sie sich keines guten Rufes — als charmante Greisin feiert sie ihre höchsten Triumphe. Mit erloschenen Augen durchschaut sie die Menschen, ist ton- und geschmackangebend, macht die Freuden der Geselligkeit mit, als echte Französin nichts so sehr fürchtend wie die Langeweile. Sie versteht es ausgezeichnet, ihre Gäste zu unterhalten, und zwar immer „von dieser Welt". Sie weiß, daß man in Gesprächen und Briefen nur das sagen soll, was den Partner anregt. Sie ist eine von den Frauen, die ausschließlich im Geist gelebt haben, was besonders hervorzuheben ist, da sie kein ausgesprochenes Talent besaß, ausgenommen das der Lebenskünstlerin; aber vielleicht ist dies das größte aller Talente. Sie ist die Verkörperung des französischen Esprit und Skeptizismus. Ihr Scharfsinn hatte sich auf Kosten ihres Herzens entwickelt und das Herz litt bisweilen darunter. Da trifft die blinde Gebieterin des französischen Geisteslebens den hochbegabten Kunstenthusiasten Horace Walpole (1717 bis 1797). Sie ist fünfundsechzig, er fünfundvierzig, und eine tiefe, früher nie gekannte Liebe ergreift das Herz der Frau. Diese zarte und leidenschaftliche Hingabe verleiht den letzten Jahren ihres Lebens tiefe, heilige Freude. Das Leben der Marquise war ein wahrhaft durchgeistigtes, und von einem solchen dürfen wir nur dort sprechen, wo Erkenntnisse nicht Gehirnakrobatik und Zungentechnik sind, also aus Formulierungen bestehen, sondern wo Erkenntnisse Macht über das Leben gewinnen, alle seine Verzweigungen mit ihrem Licht durchdringend.

Im selben Maße, als die Marquise du Deffand Französin war, im gleichen Maße war Malvida von Meysenbug Deutsche, wenn das Wesen des deutschen Menschen Gemüt ausmacht und das des französischen — spielerische Form. „Das geistige Leben des Germanen ist wesentlich ein nach innen gekehrtes, dasjenige des Romanen ein nach außen ausstrahlendes" hat Graf Keyserling treffend gesagt. Dieser Richtungsunterschied charakterisiert auch die beiden genannten Frauen, in denen sich, wie das in der Kulturgeschichte häufig geschieht, der reife Kern einer Epoche rundet.

Eine Geistestochter Goethes und Beethovens, war Malvida von Meysenbug (1816—1903) mit Weltverständnis, Weltoffenheit, mit einem ungeheuren Einfühlungsvermögen begabt. „Die reine Idealistin des Nordens mit den klaren Augen", wie Romain Rolland sie nannte, war Wagners, Herzens, Garibaldis, Mazzinis Freundin, Vertraute und Muse. Sie bezähmte Nietzsches dämonische Seele, wenn auch nur für Stunden. Er, der Friedlose,

Schwer-zu-Befriedigende, war sich ihrer Außergewöhnlichkeit bewußt und widmete ihr die edlen Dankesworte:

> „Den bessern Teil, ihn bring ich zum Altar
> Für sie, die Freundin, Mutter, Arzt mir war."

Noch im Alter von siebzig Jahren verband sie eine segensreiche Freundschaft mit dem zwanzigjährigen Romain Rolland, dessen Genius ihr hellhöriges Ohr als erste entdeckte. Klein und schmächtig von Wuchs, von zarter, brüchiger Gesundheit, sanft und bescheiden in ihrem Wesen, weder durch Schönheit noch Reichtum ausgezeichnet, hat sie nur durch ihr Sonnenherz gefesselt und beglückt. Ich will hier nicht ihr Porträt zeichnen, — Romain Rolland hat ihr ein herrliches Denkmal in seiner „Danksagung" errichtet — ich will nur auf ihre den Dämon der Zersetzung besiegende Herzkraft hinweisen. Der Bote des Todes war oft bei ihr erschienen; er suchte die Tür, durch die er zu ihr eindringen konnte; schon früh hörte sie das Klopfen seiner knöchernen Hand, und trotzdem freute sie sich bis zum letzten Augenblick an den köstlichen Früchten des Lebensbaumes; Freundschaft und Freiheit begeisterten, Musik und Dichtkunst beseligten sie. Ihre Kirche war Beethoven. Seine Stimme, besonders sein Adagio op. 106 verscheuchte die bangen Schatten, als sie ans andere Ufer reisen mußte.

Das unheilbare Leiden hatte sie in verkappter Form schon früh befallen, doch sie lebte, als hätte der böseste Dämon keine Gewalt über sie. In ihrem stillen, kleinen Salon in Rom empfing sie ihre geliebten Freunde, mit denen sie verständnisbeseelte, beglückende Gespräche führte. Wurden die Schmerzen zu stark, zog sie sich still in ihr Schlafzimmer zurück, ohne ihre Gäste von ihrer körperlichen Qual etwas wissen zu lassen. Bis zum Schluß bewahrte sie den inneren Widerhall für alles Große, edel

Erhabene. Der Freiheitskrieg der Buren begeisterte sie, der Tod Zolas erfüllte sie mit Trauer. Immer wieder liest sie Shakespeare und Goethe, und läutert ihre Seele in beethovenscher Musik.

Mit zarter Aufmerksamkeit nimmt sie am Schaffen des jungen Romain Rolland teil. Auf dem Krankenbett liest sie mit tiefer Ergriffenheit „Das Leben Beethovens" und bringt ein ermutigendes, ehrfürchtiges Interesse für jeden seiner neuen Entwürfe auf. Zwischen den Krankheitsanfällen schreibt sie in leiser, behutsamer Sprache, die der Zartheit und Entrücktheit ihres Antlitzes entspricht, in großer Leidüberlegenheit, mit einer überwachen Seele ihren Freunden, die in aller Welt zerstreut sich vor ihrer Größe neigen, schmerzverklärte Briefe, in denen sie ihr eigener verkündigender Engel ist. Als sie zu schwach wird, um Briefe zu schreiben, wechselt sie mit ihren Freunden Telegramme. Eines ihrer letzten Schreiben an Romain Rolland enthält nur drei Worte — „Adieu — Mut — Vorwärts", die ebenso wie die auf ihren Grabstein gesetzten Worte „Amore — Pace", ihr inneres Wesen, dem sie trotz schrecklicher physischer Qualen bis zum Schluß treu blieb, am tiefsten kennzeichnen. Ihr letzter Ausspruch, der sich im Gedächtnis ihrer Nächsten aufbewahrt hat, lautet: „Man muß sich freuen." — Ihr Leben ist ein größeres Kunstwerk als ihre Bücher, es erhebt und bereichert. Vielleicht aber ist die höchste Kunst die Ausgestaltung der Innenwelt, die Ich-Meisterung, die zur Welt-Meisterung wird.

Der Heroismus Malvidas, ebenso wie der der blinden Marquise, ergreift mich besonders tief, weil weder die eine noch die andere die Tröstungen des Gläubigen kannte. Marquise du Deffand gehörte einem Zeitalter an, da die Vernunft auf den höchsten Thron erhoben wurde, und Malvida von Meysenbug einer naturwissenschaftlichen

Epoche, die sich vor dem Kausalgesetz wie vor Gottes Willen beugte. Doch den heiligen Märtyrern gleich sind sie ein Beweis, welch gewaltige Macht der Geist über den Körper hat.

Es gibt einen Schriftsteller, dessen Werke beinahe ebenso oft übersetzt sind wie die Bibel. Kinder lachen über das Märchen vom häßlichen Entlein, Erwachsene lächeln versonnen über die allumfassende Liebe des Verfassers. Aber nur wenige wissen, daß Andersen von derselben unheilbaren Krankheit wie die große Idealistin des Nordens heimgesucht war. Von Montaignes Essays hat Nietzsche gesagt, daß sie die Freude vermehren, und Montaigne litt an Nierensteinen. In seinen Selbsterkenntnissen berichtet er, daß er sich bisweilen vor unerträglichen Schmerzen gekrümmt habe, und mit einem gutmütigen, ironischen Lächeln fügt er hinzu: „Doch was liegt daran, wenn nur meine Gedanken gerade bleiben." — In den sechsunddreißig Jahren, die Mozart auf dieser Erde weilte, hatte eine ganze Reihe von Krankheiten sich seinen armen Körper als Heimstätte erkoren. Von Pocken und Scharlach und von manch anderer, damals unheilbarer Krankheit ist er geplagt worden, doch aus seinen Werken strömt uns bald eine spielerische, bald eine gülden-ernste Heiterkeit entgegen.

Als Axel Munthe, der Sonnenanbeter, das Augenlicht verloren hatte — der Dämon versteht es, den Größten ihr teuerstes Kleinod zu rauben — diktierte er sein Bekenntnisbuch „San Michele", das durch seine Liebenswürdigkeit die Welt eroberte und aus Variationen des im Motto enthaltenen Themas besteht: „Ce n'est rien donner aux hommes que de ne pas se donner soi même."

Doch das gewaltigste Beispiel bleibt Beethoven. Die

letzten zwanzig Jahre seines Lebens war er in ein stummes Gefängnis eingeschlossen. Kein Klang, kein Wort der Außenwelt drang zu ihm. Als er die Pastorale schrieb, hörte er nicht mehr die geliebten Stimmen der Natur. Der Kuckuck, der in dieser Sinfonie ruft, der Gesang der Nachtigall und das Plätschern des Baches war nur seinem inneren Ohre vernehmbar. Er brachte das Unerhörte zuwege: aus seiner Welt, der Welt der Töne verstoßen, schrieb er die Hymne an die Freude. Ist das nicht eines der größten Wunder des menschlichen Geistes? Er, dessen Leben eine ununterbrochene Qual war, wie er selbst im Heiligenstädter Testament bekennt, entzündet eine Freudenfackel, die über Jahrhunderte hinweg die Völker verschiedener Länder im Jubel der Freude, Freundschaft und Menschlichkeit vereinigt. Das ist die Freude, die den Schmerz überwunden, die dem Schmerz getrotzt hat, die Freude, die nur Auserwählten zuteil wird, denen, die die Trägheit des Herzens überwunden haben.

Krankheit ist an sich etwas Gewöhnliches, Häßliches, Niederdrückendes, ganz gleich, ob sie den kleinen oder den großen Menschen befällt; außergewöhnlich, bewundernswert und erhaben ist aber die Kraft, die die Krankheit überwindet, die trotz der Krankheit sich eine eigene Welt aufbaut. Doch wer niemals krank gewesen, kennt nicht den Kontrapunkt der Gesundheit.

Seit ich die Schrecken des Zweiten Weltkrieges — Flucht, Heimat- und Obdachlosigkeit — habe erleiden müssen, hat die physische Pein mit jedem Monat zugenommen; schmerzlose Tage, von sanftem Schlaf umhüllte Nächte sind Ausnahmen, doch immer noch beuge ich ehrfürchtig mein Knie vor dem Tempel der Freude, wo Beethoven die Orgel spielt und Dostojewskij den Gottesdienst hält.

Daß man trotz Krankheit und Armut die Fenster seines Herzens der Freudensonne weit offen halten kann, weiß ich aus eigener Erfahrung. Kann man es aber, wenn man die Freiheit verloren hat? Es gibt ein Buch, von dem Dostojewskij sagte: wenn alle Bücher aus der Welt verschwänden und man am Jüngsten Tag dem lieben Gott nur eines überreichen dürfte, zur Rechtfertigung der menschlichen Existenz, dann wäre dieses eine Buch der „Don Quichotte". Und dieses Werk hat Cervantes zum Teil im Kerker geschrieben.

Auch in unserer lettischen Kulturwelt gibt es ein Buch, das ich nie ohne inneres Erleben in die Hand nehmen kann: das ist Rainis' Faust-Übersetzung, die er im zaristischen Gefängnis geschaffen hat. Soweit mir die Bibliographie der Faustübersetzung bekannt ist, gibt es keine andere, die im Kerker entstanden wäre; doch an spezifischem Goldgewicht, in der Genialität der Einfühlung und Übersetzungstreue würde man schwerlich eine andere Übertragung der schöpferischen Wundertat Rainis gleichsetzen können. Gibt es überhaupt Grenzen für die Größe des menschlichen Geistes?

„Aller Besitz ist vom Schicksal geborgt", sagt Seneca in einem der moralischen Briefe an Lucilius. Er weist darauf hin, wieviel unnütze Dinge wir mit uns herumschleppen und wie mühelos wir bei vernünftiger Überlegung auf solche Dinge verzichten können. Eine Reise belehrte ihn darüber, mit wie wenig man auskommen kann. Von seinen Mahlzeiten auf der Reise berichtet er: „Feigen fehlen nie dabei, ebensowenig meine Schreibtafeln." Welch wundersame Mahlzeiten, bei denen die Schreibtafeln eine wichtige Rolle spielen!

Seit Seneca haben die Philosophen des Abendlandes sich viel mit der Auseinandersetzung zwischen Besitz und Besitzer, Eigentum und Eigentümer beschäftigt. Oft kehrt

„der düster-leuchtende" Schopenhauer zu diesem Problem zurück. In seinen Aphorismen zur Lebensweisheit finden wir den merkwürdigen Satz: „Geld allein ist das absolut Gute, weil es nicht nur einem Bedürfnis in concreto begegnet, sondern dem Bedürfnis überhaupt in abstracto... Jedes andere Gut nämlich kann nur einem Wunsch, nur einem Bedürfnis genügen: ein Pelz für den Winter, Weiber — für die Jugend, alle Güter sind nur relativ gut, allein das Geld ist das absolut Gute."

Vermögen ist für Schopenhauer eine Schutzmauer gegen Übel und Unfälle. Er empfiehlt die Erhaltung des erworbenen und ererbten Vermögens, denn nur dieses gibt einem die Möglichkeit, in wahrer Unabhängigkeit, ohne zu arbeiten, bequem zu leben. Nach Schopenhauers Ansicht ist nur der ein wahrhaft freier Mensch, der ein ererbtes Vermögen besitzt; nur der ist Herr seiner Zeit und seiner Kräfte, der jeden Morgen sagen darf: der Tag ist mein. Nur so kann er etwas hervorbringen, was der Gesamtheit zugute kommt. Wer aber bei anererbtem Vermögen das nicht tut, ist ein bloßer Tagedieb.

In neuerer Zeit hat Galsworthy in seiner Forsyte-Saga die Versklavung des Menschen an den Besitz ohne Schonung gebrandmarkt. „Für einen Forsyte ist die Hauptsache Haben und sein Gott ist der Besitz." Und Galsworthy behauptet, daß die Forsytes der Kern der Nation sind, „kein seltenes Tier, sondern halb England" darstellen.

Die Marquise du Deffand schreibt in einem Brief an Voltaire, daß für sie Voltaires Überlegenheit allen anderen Zeitgenossen gegenüber besonders dadurch zutage tritt, daß er reich geworden ist. „Alle, die sagen, man könnte in Armut glücklich und frei sein, sind Lügner, Narren und Dummköpfe."

Wenn dem so wäre, so gäbe es unter uns Letten ganz

besonders viel Lügner, Narren und Dummköpfe. Für uns, die wir einem Volk angehören, das wegen seiner ungünstigen geographischen Lage immer wieder gegen seinen Willen in den Krieg gehetzt wird, wirkt die Frage von der Würde des Besitzes lächerlich. In der grausamsten aller Schulen, der Lebensschule, haben wir gelernt, ein menschenwürdiges Dasein auch ohne Geld und Besitz zu führen. Von unseren Eltern übernehmen wir nichts Fertiges, weder Haus noch Hof, weder eine Bibliothek, noch Gold und Edelsteine. Mit völlig nackten Händen und auf völlig nacktem Boden müssen wir unser Leben aufbauen. Auch dann, wenn das ganze Hab und Gut in einem Handkoffer liegt, malt der Maler beglückende Bilder, der Musiker entlockt seinem Instrument und seiner Seele Ewigkeitstöne und der Dichter spricht erlösende Worte zur ganzen Welt. Und junge Menschen, die ein waches Herz besitzen, bauen ihr Leben auch ohne Erbe und Vermögen auf. Das übermäßige Hängen des Europäers am Besitz hat für uns etwas Sklavenhaftes. Aus nichts etwas schaffen — in den übrigen Staaten Europas vermag das nur der Ausnahmemensch, bei uns leistet das der gewöhnliche Mann. Jede Generation muß von neuem beginnen. Wenn die reichen großen Völker Westeuropas wüßten, welche Schwierigkeiten die Letten zu überwinden hatten, welche Ausdauer sie haben mußten, welche zähe Vitalität, um ein Haus an der Sonne zu erbauen, dann würden die Völker Westeuropas die kleinen Völker der Randstaaten allen übrigen als Vorbild hinstellen.

Meine Gleichgültigkeit dem Besitz gegenüber will in keinem Fall besagen, daß ich mich für Bedürfnislosigkeit einsetze: allzu fremd ist mir Diogenes und allzu teuer der Ausspruch Ortegas: „Ihr Frauen Europas, werdet anspruchsvoller!" Bedürfnislosigkeit ist Kulturlosigkeit. Kultur ist ein Höchstmaß an Ansprüchen und zu gleicher

Zeit die Fähigkeit, diesen Ansprüchen zu entsagen, wenn das unabwendbare Schicksal oder eine höhere Wirklichkeit das verlangt. Wohlhabenheit erleichtert ebenso wie Gesundheit den Weg zur Freude, doch ist weder der volle Beutel noch der gesunde Körper die wichtigste Voraussetzung dazu.

Seneca lehrt: unser Leben ist nur eine Vorbereitung auf den Tod. Das Ziel ist Ruhe und Leidenschaftslosigkeit. Der Tod ist für ihn eine Art Bewährungsprobe, die Stunde, da alle Rechnungen beglichen werden. Der Tod allein spricht über den Menschen das gerechte Urteil. Was einer zuwege gebracht hat, wird offenbar, wenn es ans Sterben geht. Er zitiert Epikur: „Es ist etwas Bedeutsames, sich an den Tod zu gewöhnen. Es ist wichtig, dies zu lernen, obwohl man es nur einmal brauchen wird. Bereite dich auf den Tod vor, — das will sagen, bereite dich auf die Freiheit vor! Wer sterben gelernt hat, hört auf Knecht zu sein." Immer hat der Mensch einen freien Ausgang, und nur eine Kette, die Liebe zum Leben, hält ihn, und diese Liebe muß man, wenn auch nicht ganz aufgeben, so doch dämpfen und herabsetzen. Wenn das Leben nichts anderes ist als eine Vorbereitung auf den Tod, hat es dann einen Sinn, die außergewöhnliche Anstrengung, die das Leben heißt, auf sich zu nehmen? Die von Epikur erwähnte Tür steht ja immer offen. Wenn wir also zum Sterben geboren sind, können wir einander nichts Besseres wünschen als einen schnellen Tod.

Die heilige Theresia von Jesu aus Lisieux war ein scharfsinniges Kind. Als kleines Mädchen sagte sie einmal zu ihrer heißgeliebten Mutter: „Ich wünsche, daß Du bald stirbst", denn kurz vorher hatte man ihr gesagt, daß man zuerst sterben müsse, um in den Himmel zu kommen.

Weil sie ihrer Mutter das Beste wünschte, wünschte sie ihr den Tod.

Auch Schopenhauers Rat, an nichts sein Herz zu hängen, befriedigt in der Zeit großer Prüfungen nicht. Nach Schopenhauers Eudämonologie ist das Höchste, was der Mensch erreichen kann, ein Zustand der Schmerzlosigkeit; bei der letzten Lebensrechnung seien nicht die erlebten Freuden, sondern die Übel, denen man entgangen ist, die Hauptsache. Das Leben sei da, um überstanden zu werden, und am glücklichsten sei der zu preisen, der sein Leben ohne übergroße Schmerzen sowohl geistig als körperlich dahinbringt. Die Abwesenheit des Schmerzes sei der wahrste Maßstab des Glücks. „Kommt zu einem schmerzlosen Zustand noch die Abwesenheit der Langeweile, so ist das irdische Glück im wesentlichen erreicht: denn das übrige ist Chimäre."

Seine Weltanschauung spricht Schopenhauer in dem bekannten indischen Vers aus:

> „Ist einer Welt Besitz für dich zerronnen,
> Sei nicht in Leid darüber, es ist Nichts;
> Und hast du einer Welt Besitz gewonnen,
> Sei nicht erfreut darüber, es ist Nichts.
> Vorüber gehn die Schmerzen und die Wonnen,
> Geh' an der Welt vorüber, es ist Nichts."

Diesem weltverneinenden Vers möchte ich die stahlharten, allen Gewalten trotzenden, lebensbejahenden Worte des lettischen Dichters Rainis entgegenhalten:

> „Hast du Sieg errungen — freue dich,
> Freie Bahn bereitet sich dein Werk.
>
> Bist besiegt du worden — freue dich,
> Reif fällt in die Brust zurück dein Werk.
>
> Alles grau ringsum — so freue dich,
> Glühend rot im Herzen brennt dein Werk.

Ist dir Liebe geworden — freue dich,
Heller loht und stärker dann dein Werk.

Wirst gehaßt — auch darum freue dich,
Seiner selbst besinnt sich fest dein Werk.

Was auch sei und werde — freue dich,
Dich verwandelnd bist du selbst dein Werk."
(„Freude und Werk.")

Einem freudelosen Dasein ist ein Nichts vorzuziehen: das Nichtsein ist ja auch der Kern Schopenhauerscher Philosophie. Und doch wissen wir aus seiner Biographie: als die Cholera in Berlin ausbrach, floh er eilends aus der verseuchten Stadt — so sehr ist auch ein Schopenhauer um die Dauer seines Lebens besorgt. Doch etwas verachten und trotzdem daran gebunden sein, ist eines denkenden Wesens unwürdig. Unweise ist nicht das Hängen an den Dingen dieser Welt, sondern so an ihnen zu hängen, als seien sie ewig. Alles ist vergänglich, doch ist es deswegen weniger schön? Der Sonnenuntergang, für mich das vollkommenste Symbol der Schönheit, währt nur einige kurze Augenblicke, doch wird nicht gerade dadurch seine Schönheit erhöht? Jede Blume welkt einmal, sollten wir sie deswegen weniger bewundern? Der Asket geht an der Blume der Freude achtlos vorbei, der Tor pflückt sie und hält sie in Händen wie ein Gebilde aus Blech, der Lebensbejaher bringt sie fürsorglich nach Hause, stellt sie in ein Gefäß mit Wasser und ist um ihr möglichst langes Blühen besorgt.

Im Leben ist es so eingerichtet, daß alle Rechnungen beglichen werden müssen. Ohne Schmerz wird kein neues Leben und wohl kaum eine große Freude geboren. An den großen sicheren Fahrstraßen wachsen nur kleine und staubige Blumen. Wer die betörend duftende Blume der Freude pflücken will, muß einen steilen Berg besteigen.

In einem versumpften, stinkigen Teich schwimmen nur Hausenten. Wer auch nur eine Feder aus den Schwingen des Vogels der Freude sich erobern will, muß zur Mitternachtsstunde sein Haus, seine behagliche Bequemlichkeit verlassen, durch Eis und Feuermeer sich hindurchkämpfen, von keines Menschen Fuß betretene Wege gehen. Als der Paradiesvogel nach langer Zeit wieder einmal zum lieben Gott zurückkehrte und der Leiter aller Sterne und Menschenwege ihn fragte, woher es komme, daß sein Gefieder noch schöner geworden sei, antwortete er: „Viele vergiftete Pfeile sind auf mich abgeschossen worden und durch die schmerzhaftesten entstand der holdeste Glanz meiner Schwingen."

Wenn ich auf mein bisheriges Leben zurückblicke, so würde ich wohl als Bettler irgendwo am Wegrand sitzen, wenn ich nicht den Mut gehabt hätte, immer wieder physisches und psychisches Leid auf mich zu nehmen. Das große Wagnis, das für schwache und feige Menschen allerdings nicht taugt, hat mein Leben in allen Zeitabschnitten mit güldener Freude durchflutet. Die Sonne des Südens, die Sonne gleichgesinnter Herzen, der Strahlenglanz der Selbstverwirklichung, das Aufblühen eigener Saat, hat meinen Lebensweg beschienen; doch habe ich für alles bezahlen müssen. Jeder von uns trägt in sich eine vielsaitige Harfe, und glücklich ist zu preisen, wessen Seelenharfe volltönig erklingt, ganz gleich, ob Freude oder Schmerz der Spieler war. Und unglücklich ist zu nennen, dessen Harfe verstummt, ehe sie auch nur einmal mit allen Saiten geklungen hat. Nicht Schmerzlosigkeit ist unser Ziel, nicht Vorbereitung auf den Tod, sondern die Erfüllung unseres Wesens, eine möglichst vielgestaltige Auswirkung unserer Natur.

Nein, wir sind nicht geboren, um zu sterben und ein Raub der Traurigkeit zu sein. Wir sind in der Welt, um durch die Kraft unseres Geistes uns über die Unvollkommenheit alles Seienden, über das allgemeine Elend und die eigene Schwäche zu erheben; und, wenn die Sonne am Himmelszelt nicht mehr wärmt, die Welt mit der Sonne des Herzens zu durchleuchten. Für uns Nordländer ist das Himmelslicht allzu karg, vor dem Erfrieren kann uns nur die Wärme des Herzens retten, die von Mensch zu Mensch strömt, die sich im Händedruck und im Lächeln offenbart.

Nichts ist so gewiß wie der Tod. Alles vergeht und verweht einmal, und wir wissen nicht, ob uns noch ein Morgen geschenkt sein wird, um die Häßlichkeiten, all unsere Fehltritte und vor allem die Unterlassungssünden des heutigen Tages gutzumachen. Darum laßt uns so leben, in der Heimat und in der Fremde, im Alter und in der Jugend, im Geben und im Nehmen, als sei jeder Tag der erste und letzte.

DAS UNLÖSBARE RÄTSEL: FREUNDSCHAFT UND LIEBE

> Wenn ich mit Menschen- und Engelszungen
> redete,
> Und hätte der Liebe nicht,
> So wäre ich ein tönend Erz, oder eine
> klingende Schelle.
> Die Liebe höret nimmer auf,
> So doch die Weissagungen aufhören werden
> Und die Sprachen aufhören werden
> Und die Erkenntnis aufhören wird.
> (Korinther 1, 13)
>
> Vieles ist wundersam,
> Doch nichts ist so wundersam wie der Mensch.
> (Sophokles)

Die gesamte europäische Kultur trägt ein doppeltes Erbe in sich: das Erbe des alten Griechenlands, die Kultur des „Schönguten", und das Erbe des Christentums, das in der Liebe beschlossen ist. Wer das eine oder andere vernachlässigt, ist dem Kern europäischer Kultur untreu geworden.

Ich habe immer wieder Seneca und Schopenhauer zitiert, weil ich die Wohlgeformtheit ihrer Sprache, ihres Ausdrucks, ihrer Worte und Bilder bewundere. Trotz ihres Pessimismus entlassen sie, gleich den griechischen Tragikern, den Menschen nicht mit ungelöster Qual im Herzen: die unzerstörbare Einheit des Menschen, die mächtiger als das Schicksal ist, das hohe Ethos ihrer Weltanschauung hat etwas Beglückendes. In der Zeit Neros bewahrte Seneca die innere Gelassenheit, in der Epoche der Bestialität bewahrte er die Würde des Menschen. Die gleiche Würde bewahrte auch Schopenhauer angesichts der ihn einschließenden Allgewalt der Vernichtung und der Allvergänglichkeit von Ding und Mensch. Doch ein kritikloser Anhänger Senecas und Schopenhauers kann nicht Lebensbejaher sein. Beide Philosophen kannten nicht die erlösende Kraft der Liebe, die dem Gefängnis des Lebens eine unsichtbare Tür öffnet und die in den Werken einer Gertrud von Le Fort, der edlen Christin — um eine zeitgenössische Dichterin zu nennen — so tief erlebt ist. Durch ihre Werke wurde ich eines großen Lichtes teilhaftig:

„Ich glaubte auf meiner Stirn den Atem der unendlichen Weite zu spüren, ich vernahm den Gesang der Sterne und das Fallen der Sterne — beides schien mir ein und dasselbe. Es war, als ob Leben und Tod ihre Rollen vertauscht hätten — es war, als ob sie sich einander in den ungeheuren Räumen des Alls vermählten, eins würden — grenzenlos und für immer. Ich wurde mit höchster Klarheit inne, daß Tod und Untergang nichts anderes sind als Formen der Liebe — letzte, unwiderstehliche. Ich begriff — nein, ich schaute an das entschleierte Geheimnis, das an den unermeßlichen Opfern unserer Tage, nicht nur an unserem menschlichen Leben und Sein, sondern auch am Leben und Sein unserer gesamten Kultur teilnimmt und teilnehmen muß — ich begriff, daß die ungeheuren Gaben der Vernichtung, welche eine verfinsterte Welt heute dem Haß und der Verzweiflung darbringt, von uns, die wir diesen Haß und diese Verzweiflung nicht teilen, umgewandelt werden müssen in die Opfer der Liebe und der Hoffnung." („Die Opferflamme.")

Als ich diese Worte las, ergriffen sie mich so tief, daß ich mich fragen mußte: ist dies das Bekenntnis eines lichtsuchenden Wesens, oder sind es Worte aus meinem eigenen

Werk? Gleichgesinnte Kämpfer auf dem Kriegsschauplatz des Lebens zu treffen, löst dankbare Freude in unserem Herzen aus.

Der größte Reichtum des Lebens ist uns in den Beziehungen von Mensch zu Mensch gegeben, aber auch der tiefste Schmerz. Der Mensch sehnt sich nach dem Verständnis seiner Mitmenschen, und wenn ihn im Jenseits Gottes Gnade zu erlösen vermag, dann hier auf Erden nur der ihn verstehende und liebende Mensch. Am tiefsten hat es die mir schwesterlich verwandte Elisabeth Browning erlebt. Als sie durch Krankheit wie durch die Enge und den Unverstand der Umgebung zerquält und gemartert Gott suchte, fand sie den Geliebten, der das tat, was selbst Gott damals nicht vermochte: er wandelte Schmerz in Freude. Sie bekennt: „Ich bin schwer zu lieben, denn ich litt." Robert Browning, den sie später ihren Schutzengel nannte, wagte es, die Leidgeprüfte, vom physischen Ungemach Heimgesuchte, schon sieben Jahre an ihr Bett Gefesselte zu lieben, und die dunkelste Nacht verwandelte sich in den hellsten Tag.

In der mystischen Nähe zweier Menschen frohlocken nicht nur seraphische Klänge, es klagt auch mitternachtstiefe Trauer. Eine der grauenvollsten Erkenntnisse ist es, daß der geliebte Mensch uns jeden Augenblick durch die Hand des Todes oder des Lebens entrissen werden kann; und häufig ist das Leben grausamer als der Tod.

Wie sehr wir auch einem Menschen hingegeben sind, wir können nicht stellvertretend für ihn leiden. Wir können seine seelische und noch mehr seine körperliche Pein bis zu einer gewissen Grenze erleichtern. Wir können uns um seinetwillen opfern, wir können aus einem bewundernden Mitleid heraus uns tief vor ihm neigen, aus Mitschmerz unseren Lippen für immer das Lächeln versagen, doch ist er von einer unheilbaren Krankheit befallen, können wir sie nicht von ihm nehmen und stürben wir aus Verzweiflung darüber. Am tiefsten kennt diese Verzweiflung die Mutter, die am Bett ihres unheilbaren Kindes steht. In inbrünstiger Leidenschaft hat diesen durch Liebe bedingten Schmerz eine der großen Frauen unserer Zeit, Sigrid Undset, in ihrem monumentalen Werk gestaltet. Ihre Menschen, besonders ihre Frauen, leiden so tief, weil sie so tief lieben und die Ohnmacht ihrer Liebe fühlen. Grausam ist es, daß wir nicht an Stelle des geliebten Menschen sterben können. Wir können für ihn sterben, gemeinsam mit ihm in den Tod gehen, doch an Stelle eines anderen sterben, ist dem Menschen nicht möglich. Wir können in Tränen ertrinken, aber auch ein Meer von Tränen bringt uns den Entrückten nicht zurück. Jeder stirbt seinen eigenen Tod, jeder hat sein eigenes Schicksal, wie die Sterne am Himmelszelt, deren Lauf der Herrgott selbst nicht ändern kann ...

Unergründlich ist es, warum manche Menschen in uns ein Wohlwollen auslösen und andere wieder eine niederdrückende Langeweile. Es gibt Menschen, die den ganzen Raum mit Licht füllen, sobald sie in unsere Nähe gekommen sind. Und wieder andere, die über alle unsere Gedanken und Gefühle einen grau-gelblichen Nebelschleier decken. Die gegenseitigen Beziehungen der Menschen bergen, wenn sie frei von Berechnungen und Interessen sind, einen irrationalen Rest in sich. Können wir alle Gründe unseres Wohlwollens aufzählen, dann ist der betreffende Mensch uns nicht wahlverwandt.

Die trunkene Seligkeit des Ur-Nahseins ist den indischen Philosophen fremd: was in diesem Leben nicht erfüllt wird, kann im nächsten erfüllt werden. Die brennend süße Schönheit der Einmaligkeit, die das Wesen des abendländischen Menschen ausmacht, das unlösbare Rätsel menschlicher Beziehungen, kennt am tiefsten der anthropozentrische Mensch, dem der lebendige Mitmensch die Sonne aller Werte ist.

Je höher die Kulturstufe, auf der ein Mensch steht, desto reichhaltiger sind seine Beziehungen zur Umwelt. Je feiner die Fäden, aus denen das Innere verwebt ist, desto mehr vermag ein Mensch zu geben, doch desto schwerer ist er auch zu befriedigen. Differenzierung bedeutet Bereicherung, also Beglückung, doch andererseits auch Vereinsamung, also Betrübnis.

Jene Peer-Gynt-Naturen, die Durchschnittsmenschen, geben und nehmen bei allen Dingen nur die Hälfte. Sie steigen ins Grab und haben nur die Hälfte ihrer Seele zum Klingen gebracht. Die Prometheus-Naturen dagegen verschenken sich restlos, und wenn sie am Abend auf ihr Leben zurückschauen, können sie nicht sagen, ob es an Freude oder Schmerz reicher war: nur eines wissen sie genau, nicht ein Tropfen ist im Lebensbecher zurückgeblieben.

Vielleicht lebt der Mensch nur so lange, als ihn ein anderes Wesen braucht. Doch wie sehr wir jemand nötig gehabt haben, erfahren wir meist erst nach seinem Tode, und auch dann nur in Ausnahmefällen. Der Mensch ist dem Menschen undurchsichtig. Die Wahrheit dieses Satzes bedingt die Tragik aller menschlichen Beziehungen.

Alles Menschliche ist Stückwerk. Kein Mensch, auch nicht der vollkommenste, vermag alles zu geben. Brands Forderung — Alles oder Nichts — ist auf Erden unerfüllbar, und oft liegt mehr Heldentum in Bescheidung als in maßlosen Forderungen. Der Mensch, das unvollkommene Wesen, begehrt Vollkommenheit und völliges Verständnis — darin beruht der zweite Grund zur Tragik aller menschlichen Beziehungen. Zu oft vergißt man, daß jeder

Mensch nur ein glühender und verlöschender Funke der ewigen Flamme, Gottes selbst ist.

Nähe und Verständnis darf man nicht fordern wie die Begleichung einer Schuld. Wir können jemand dazu zwingen, mit uns einen Raum zu teilen, doch nie und nimmer — sein Herz. Gesetze können die Erfüllung der Pflichten herbeiführen, doch gibt es kein Gesetz, das Wohlwollen, geschweige denn Liebe erzwingen könnte. Ein gemeinsames Leben mit einem innerlich fremden Menschen ist schlimmer als der engste Kerker; Trennung ist die einzige Rettung in diesen Fällen — Wiedererlangung der Freiheit. Treue ist in solchen Fällen oft nichts anderes als eine Trägheit des Herzens.

Ununterbrochene räumliche Nähe läßt die menschlichen Beziehungen verdorren. Die Schärfe der Reagenz schwindet dahin. Der abgrundtiefe Mittagshimmel wandelt sich nur allzu schnell in einen neblig kalten, verfrühten Abend. Das Heilige darf man nicht zum Alltag herabwürdigen, Unaussprechliches nicht zur Gewohnheit machen.

Jeder Mensch, wie überhaupt jedes organische Wesen, kann sich nur in den von der Natur gezogenen Grenzen entwickeln. Fraglos, daß der Mensch sich mehr wandeln kann, als er selbst glaubt, in jedem Falle aber viel mehr, als er es in seiner Neigung zu Bequemlichkeit und Selbstgenügsamkeit tut. Die Heckenrose kann man durch Okkulieren zu einer herrlichen Gartenrose umwandeln. Und was für Wunder sind erst beim Flieder zu erreichen! Aber zu äpfeltragenden Sträuchern kann man sie nicht machen. Und so ist es auch bei den Menschen: von einem Phlegmatiker dürfen wir nicht temperamentvolle Handlungen erwarten, von einem nervösen Charakter nicht Gelassenheit und von einem Stumpfsinnigen keine Schwungkraft der Seele.

Wer sich gegen Verbitterung und Enttäuschung schützen will, darf von seinen Mitmenschen nicht zu viel verlangen. Die Menschen sind nicht so sehr böse als dumm. Schon ein altes lateinisches Sprichwort sagt, daß gegen die Dummheit selbst die Götter vergebens kämpfen, und Mereschkowskij, der Einsiedler seiner Weltschau, meint: „Das Gedröhne der Siege verhallt. Schönheit verblüht, nur Dummheit bleibt immer und überall bestehen."

Um diese einfachen Gesetze, die uns vor Zwist und Mißreden, Mißverständnissen und Mißhelligkeiten bewahren, zu befolgen, muß man Menschenkenner sein. Seltsamerweise aber kennt der Mensch besser die Natur des Sirius und Mars, er vermag präziser die Entfernung, die ihn von den Sternen trennt, zu messen, als den Abstand vom Nächsten, mit dem er jahrelang zusammengelebt hat. Ein Irrtum wäre es zu behaupten, daß durch die neuzeitliche Individualpsychologie und Psychoanalyse die Welt glücklicher geworden sei.

Der primitive Mensch kennt nicht den Regenbogen vielfarbiger Beziehungen. Wenn ich hier das Wort „primitiv" gebrauche, so denke ich nicht an Hottentotten oder Buschmänner, sondern an die Sinndeutung, die Keyserling diesem Wort gegeben: „Der Barbar ist nicht der Primitive an sich, sondern der Mensch, dessen Art dem Bären gleicht und nicht dem Kolibri." Zum Typ des Bären gehören Menschen materialistischer und pragmatistischer Weltanschauung, wie z. B. Arnold Bennet. Nach der Auffassung dieses englischen Lebensphilosophen sind die Beziehungen der Menschen zueinander durch materielle Lage und Zufall bestimmt. Das Tragische im Gefühlsleben, wie auch die mystische Nähe zweier Menschen bezeichnet er mit einem spöttisch überlegenen Lächeln als „sentimental-drawing-room-ballad". Zum Typ des Kolibri gehört — um bei Vertretern derselben Nation zu bleiben —

die blumenzarte Verfasserin der portugiesischen Sonette, von der Robert Browning so treffend gesagt hat: „half angel and half bird."

Für den primitiven Menschen gibt es nur erotische, wirtschaftliche, von Zufall und Gewohnheit gestempelte Beziehungen; doch der anthropozentrische Kulturmensch kennt eine reiche Skala des Wohlwollens — Gefühle, die mehr oder weniger auf vier Grundformen zurückzuführen und nicht immer voneinander zu trennen sind: Kameradschaft und Freundschaft, Verehrung und Liebe.

Kameradschaft ist einer der wichtigsten Bestandteile des Alltagslebens. Freundschaft verklärt, Kameradschaft nützt. Freundschaft errichtet einen Tempel, Kameradschaft eine sichere Werkstatt.

Kameradschaft besteht in der tatkräftigen Hilfe dem Nächsten gegenüber, es ist Wohlwollen ohne persönlichen Charme. Die Wahl des Kameraden bestimmt nicht so sehr der persönliche Geschmack, die persönliche Neigung, wie der gemeinsame Arbeitsplatz und die Notwendigkeit. Glücklich ist zu preisen, wer ein oder zwei Freunde hat, doch Kamerad kann jeder sein, mit dem man in gleichen Lebensverhältnissen wirkt und werkt. Die erschütterndsten Beispiele für Kameradschaft liefert das Soldatenleben. Soldaten halten zueinander, nicht so sehr, weil ein Gefühl der gegenseitigen Sympathie sie beseelt, sondern weil das gemeinsame Geschick sie verbindet, die gemeinsame Not; mit vereinten Kräften ist es leichter, der gemeinsamen Gefahr zu trotzen oder ihr zu entrinnen. Wenn Freundschaft zum persönlichsten Kreis unserer Gefühlswelt gehört, so Kameradschaft zum unpersönlichen. Freundschaft ist ein Zeichen hoher Kultur, Kameradschaft kennen auch in der Herde lebende Tiere. Kameradschaft ist im Bestreben begründet, um der Gemeinschaft willen sein eigenes Ich auszulöschen. Nicht das Ich ist der Kameradschaft wichtig, sondern das Wir. Wahre Freundschaft dagegen hilft uns unser eigenes Ich entdecken. Die schönsten Beispiele der Kameradschaft finden wir im deutschen Leben. Unübersetzbare Worte zeugen vom Geist eines Volkes, und das Wort Kamerad ist in andere Sprachen buchstäblich nicht zu übersetzen: die Franzosen und Engländer haben es aus dem Deutschen übernommen.

Wie wäre das Leben zu ertragen, wenn es keinen Freund gäbe?

Ich glaube an die *Freundschaft* wie an die Sonne, die bei uns im Norden so selten scheint. Was für den Vogel die Kraft der Schwingen, das ist für den Menschen die Freundschaft, sie erhebt ihn über den Staub der Erde. Damit der Mensch in der Verzweiflung nicht zugrunde gehe, damit er im Elend nicht dem Tiere gleiche, damit er durch Niederlagen nicht abstumpfe, senkte Gott in seine Brust das Gefühl der Freundschaft. Für den größten Teil der Menschheit ist Freundschaft nur ein Sonntag, der siebente Teil des Lebens. Vielen, Allzuvielen ist sie ein Pfingsten oder Ostern: man feiert das Fest und vergißt es; am häufigsten sind Heiden anzutreffen, die das Heiligtum der Freundschaft überhaupt nicht kennen. Der Macht der Liebe — im alltäglichen Sinne dieses Wortes — sind alle lebenden Geschöpfe unterworfen. Grobdrähtige wie auch feinbesaitete Wesen kennen sie. Den Sinnkern der Freundschaft drückt am besten das französische Wort „superflu" aus. Die Liebe ist gemeinhin instinktiv, biologisch notwendig. Die Freundschaft steht jenseits des

Trieblebens, und die Gesetze des Staates schützen sie nicht.

Der Freund kommt zu dir in tiefer Mitternachtsstunde, ungerufen, ungebeten, und bleibt bei dir, bis die Morgenröte ihn ablöst.

Wohlklingend und wohltuend ist jeder Akkord der Freundschaft, doch glücklich preise ich den Wanderer, den die Sinfonie der Freundschaft über den Sumpf, die steinige Wüste, durch das Dickicht des Waldes begleitet — in Krankheit, Armut und Verlassenheit bis zu den Toren des Todes. So selten im Norden wolkenlose, leuchtende Tage sind, so selten ist auch ein Freund, der dir auf deiner Lebensreise vom frühen Morgen bis in den späten Abend treu bleibt. Freundschaft ist ein Edelstein, die Treue das Gold, das ihn einfaßt, und ohne die sichere Fassung gelangt das teuere Kleinod nicht zu vollem Glanze und verliert sich leicht.

Einst trug ich einen schönen Diamantring, der meine Hand jahrelang zierte und die Bewunderung aller erweckte. Eines Tages löste sich die Fassung und ich mußte den Ring zum Goldschmied bringen. Mit einem mitleidigen Lächeln belehrte mich der alte Mann, daß der Edelstein, den ich für so wertvoll gehalten hatte, unecht sei. Ich war tief betrübt. Eine Illusion hatte mich jahrelang erfreut. Wäre ich glücklicher gewesen, wenn ich diesen Trug nie erfahren oder diese Illusion nie gehabt hätte?

Die Durchschnittsmenschen sind nicht durch Gefühle der Sympathie untereinander verbunden, sondern durch biologische Triebe, Ehrgeiz, den Kampf ums Dasein, tausendfältige, bald sichtbare, bald verborgene Berechnungen. Macht und Geld erbauen für Götzen einen Thron; besitzt jemand diese Teufelsgaben, schwirren die guten Leutchen um ihn wie Fliegen um ein Aas. Was wir im Alltagsleben als Freundschaft bezeichnen, ist bestenfalls Kameradschaft, doch meistens nur ein Abhängigkeitsgefühl vom Brotherrn oder Zirkusdirektor. Auch die menschlichen Beziehungen zueinander bestimmt die uralte Losung der breiten Masse: panem et circenses!

Duhamel meint, Freundschaft beginnt sich aufzulösen, wenn einer der Freunde beim Gähnen den Mund mit der Hand nicht verdeckt. Auch Nietzsche bezeichnet die Freundschaft als Festtag, der in der Berührung mit dem Alltag entblättert. Ich aber sage: wehe der Freundschaft, die nicht dem Grau des kleinlichen Alltags standhält! Der Bewunderer, Verehrer und Anbeter teilt mit mir den Festtag, doch der Freund auch die Tage der Krankheit, der Entehrung und Verfolgung.

Freundschaft ist ein Weihegeschenk, das der Mensch ohne Verdienst und Würdigkeit empfängt. Der Tempel der Freundschaft wird nie zu Ende gebaut. Er bröckelt ab und stürzt ein, wenn man nicht jeden Morgen von neuem an ihm arbeitet. Mit jedem Sonnenaufgang muß man den Freund mit neuer Liebe lieben, mit neuer Aufmerksamkeit beobachten, mit neuer Nachsicht ihm verzeihen, man muß, um mit ihm Schritt zu halten, sich wandeln, weit die Seelen-Fenster öffnen, damit der Wind den Staub der alles abstumpfenden Gewohnheit verwehe.

Freundschaft ist nicht nur ein Geschenk, es ist auch eine Anstrengung. Wer um seines Freundes willen nicht eine Nacht durchwacht und gelitten, hat ihn nicht wahrhaft geliebt. Der Freund ist nicht ein Buch, das man jederzeit, auch mit unsauberen Händen, aus dem immer offenen Bücherschrank holen kann, um die öden Abendstunden zu beleben und die Langeweile, die Schopenhauer die schlimmste Peinigerin des Menschen nennt, zu verscheuchen oder auch um den Schlaf herbeizuführen. Freundschaft ist die zarteste Blume, die gegenseitigen menschlichen Beziehungen entsprießt. Wenn sie nicht mit nimmermüder Geduld und Fürsorge umhegt wird, vertrocknet und verwelkt sie, noch ehe die Knospe sich entwickelt hat.

Es gibt Worte, die Gift enthalten, und schaurig ist es, daß man das ausgesprochene Wort nicht zurücknehmen kann. Wie ein vergifteter Pfeil bohrt sich manches Wort in die Seele und zersetzt sie allmählich. Doch es gibt auch Zauberworte, die Kranken Genesung und Toten Leben bringen. Ein kleines Wort, bisweilen ein unausgesprochenes, im Blick, in einer Geste enthalten, kann die matte, schlaffe Seele wiederbeleben, sie verjüngen; noch eben war sie nackt und stumm, wie ein Hain im Spätherbst, doch plötzlich erklingen süße Melodien und alles ist in Duft und Blüten gehüllt.

Beim Freund erträgt man auch die Eigenschaften, die uns bei einem andern mit Unwillen und Grimm erfüllen. Dein Freund ist nicht ein Katalog tugendhafter Eigenschaften, er ist ein lebendiger Mensch, dessen Schattenseiten du ebenso gut kennst wie seine Lichtseiten, ohne dich deswegen von ihm abzuwenden.

Verläßt dich dein Freund, weil du beim Gähnen den Mund nicht verdecktest, sei nicht betrübt darüber: wie es Sonntagsjäger gibt, so auch Sonntagsfreunde, die nie zu dem Sinnkern deines Wesens vordringen. Mit den Sonntagsfreunden ist ein Plauderstündchen angenehm, doch deine Seele wird durch sie nicht reicher, sie vermögen es nicht, trübe Dezemberstunden in Maitage zu verwandeln und mitten in der Nacht ein Licht zu entzünden. Wenn ich auch Duhamels Freundschaftsdeutung — trotz meiner großen Verehrung für den französischen Dichter der Güte — nicht annehme, so will ich damit nicht behaupten, daß man seinen Freund im Morgenrock empfangen soll. Nietzsche hat es so schön gesagt: „Du kannst dich für deinen Freund nicht schön genug putzen: denn du sollst ihm ein Pfeil und eine Sehnsucht nach dem Übermenschen sein." Dieser Ausspruch bezieht sich in gleichem Maß auf das physische und psychische Sein: in der Erwartung des teuren Gastes soll man den Körper in schöne Gewänder hüllen und die Seele mit den schönsten Tugenden schmücken — mit Geduld und Einfühlung, mit Nachsicht und Verständnis.

Wenn es schwer ist, einen Freund zu finden, so noch schwerer, Freundschaft zu bewahren. Distanz bewahrt Freundschaft mehr als allzu große Offenheit. Wahrheit ist ein gefährliches Ding, das man nur selten gebrauchen darf — stets sei man dessen eingedenk! Allzu große Wahrhaftigkeit ist manchmal nichts anderes als Seelentölpelei, ein Mangel an Taktgefühl.

Verschenken — adelt. Es gibt aber ein Ding, das man nicht behutsam genug verschenken kann: und das ist das Vertrauen. Wer jedermann vertraut, ist ein Tor, der nicht weiß, daß der Durchschnittsmensch alle nach seinem Maße mißt. Nur wenige ahnen, daß Menschen, wie Sterne, nach unwandelbaren Gesetzen ihre Bahn ziehen. Willst du deinen Freund nicht verlieren, dann erinnere ihn nie daran, wieviel Gold deiner Seele und deines Beutels du um seinetwillen vergeudet hast. Erinnere ihn nie an die ihm dargebrachten Opfer.

Mißbrauche nie die Gastfreundschaft deines Freundes. Verlasse sein Haus in dem Augenblick, da du meinst, das Schönste wird noch kommen.

Der Freund will dem Freunde seine Seele offenbaren, will seine stillsten Engel sehen; doch die restlose Erfüllung dieses Wunsches liegt jenseits menschlicher Möglichkeit. Auch im tiefsten Nahsein spürt man, daß Liebe und Freundschaft darin bestehen, daß „zwei Einsamkeiten einander schützen, grenzen und grüßen".

Dies bedeutet süßbrennende Seligkeit. Schon in der Bibel wird Freundschaft ein Labsal gegen den heftigsten

Schmerz und Verzweiflung genannt. Vielleicht hätte Hiob seine Heimsuchungen nicht ertragen, wenn seine drei Freunde — Eliphas, Bildad und Zophar — nicht zu ihm gekommen wären, um ihn zu trösten. Sie überließen ihn nicht dem Raub der Verzweiflung. Als sie seinen schmerzentstellten Körper sahen, zerrissen sie ihr Kleid und weinten, sprengten Erde auf ihr Haupt „und saßen mit ihm auf der Erde, sieben Tage und sieben Nächte, und redeten nicht mit ihm, denn sie sahen, daß der Schmerz sehr groß war". Dies ist das schönste Urbild der Freundschaft und vielleicht die seelenvollste Stelle im Alten Testament. In der dunkelsten Stunde kamen die Freunde zu Hiob, ungerufen, unaufgefordert; sie zerschwatzten und verkleinerten nicht sein Leid und seine Pein, ehrfürchtig schwiegen sie mit ihm, sie schliefen nicht vor Traurigkeit ein wie die Apostel auf dem Ölberge, sie harrten bei ihm sieben Tage und sieben Nächte aus.

So alt wie die Kulturgeschichte, ist auch das Hohelied der Freundschaft, das seinen vollsten Klang bei freien Völkern, in Epochen der Verherrlichung der Persönlichkeit erhalten hat. Mit Griechenland beginnt die europäische Kultur, und die Geschichte der Freundschaft mit Achilles und Patroklos. Die feinsinnige, älteste Freundschaftstradition finden wir bei den Franzosen. In ihrer Dichtkunst, ganz gleich aus welchem Zeitalter, wird die Freundschaft zum religiösen Kult erhoben.

Der alte Menander nannte den Menschen glücklich, der wenigstens den Schatten eines Freundes gefunden. Montaigne war mehr vergönnt: er besaß einen wahren Freund. Man könnte fast sagen: Sei ein Freund wie Montaigne es war! Trotz der großen Ansteckungsgefahr pflegte er seinen an den Pocken erkrankten Freund Boëtie Tag und Nacht, im ehrfürchtigen Bewußtsein, daß es einem Wunder gleiche, einen wahren Freund gefunden zu haben.

Als der Tod ihn geraubt hatte, fand Montaigne für ihn keinen Ersatz; denn das unterscheidet den Menschen vom Ding, daß der Mensch einmalig und unersetzbar ist. Dieses ist die Schönheit und Tragik des Menschen.

Montaigne war verheiratet. Seine Frau hatte ihm fünf Töchter geboren, seine Ehe war relativ glücklich. Er kannte die Glut der Liebe, doch gleich dem Einsiedler Nietzsche und dem sinnenberauschten d'Annunzio wertete er die Freundschaft weit höher als die Liebe. Sein Glaubensbekenntnis an die Freundschaft, von dem Nietzsche in großem Maße beeinflußt war, lautet: „Das Lechzen nach dem weiblichen Geschlecht ist einem unruhigen Feuer vergleichbar, es brennt lichterloh, dann flammt es ungleichmäßig wie ein Fieber auf, das bald fällt, bald steigt. Das Feuer der Freundschaft ist gedämpft, immer gleichmäßig, seine Wärme ist wohlgefällig, es dauert und verlöscht nicht, es ist sanft und wohltuend, ohne die scharfen Stiche und Stöße der Liebe."

Durchblättern wir die Tagebücher der französischen Geistesmänner, so stoßen wir immer wieder auf das milde, wohltätige Licht der Freundschaft. Wie Montaigne der größte Verherrlicher der Freundschaft im 16. Jahrhundert war, so Vauvenargues im 18. Jahrhundert. Das einzige Licht, das die dunkle Nacht dieser frühentrückten, tragischen, von Krankheiten gefolterten Persönlichkeit erleuchtete, war die geistige Wechselwirkung mit seinen Freunden, die sich im Briefwechsel kundtat. In einem Brief an Vauris de Saint-Vincens äußert sich dieser französische Moralist, für den alle großen Gedanken unmittelbar aus dem Herzen kamen — „toutes les grandes pensées viennent du coeur" —: „In Wahrheit, mein lieber Saint-Vincens, ist nichts vollkommen, nichts vollendet, nichts empfindungsfähig ohne die Freundschaft. Ich beklage diejenigen, die sie vernachlässigen und ihr Glück nur in sich selbst suchen wollen." Auch heißt es in diesem Brief, daß der Mensch die erschreckende Leere in seinem Innern ohne Freundschaft nicht ertrüge.

Die Frau ist im allgemeinen der Freundschaft weniger fähig als der Mann. Diese Feststellung bezieht sich auf Durchschnittsfrauen, die mehr im Biologischen als im Geistigen wurzeln. Die Fähigkeit zur Freundschaft erhebt die Frau über den Durchschnitt. Die schon erwähnte Julie de l'Espinasse findet in ihrem Herzen neben der alles verheerenden Leidenschaft auch noch Platz für Freundschaft. Ebenso wie ihre Briefe an den Grafen Guibert in einer verzehrenden Flamme lodern, so leuchtet ein heiteres, ruhiges Licht aus ihren Briefen an den berühmten Philosophen und Mathematiker Nicolas Condorcet: „Ich genieße ... soweit es mir gegeben ist, die Süßigkeit der Freundschaft. Ich existiere nur, um meine Freunde zu lieben und gern zu haben."

Und wie tief ist der Atem der Freundschaft in den Briefen der Marquise du Deffand an Voltaire!

Nicht nur im alten, auch im neuen Frankreich haben sich die vielgestaltigen Beziehungen zwischen Mensch und Mensch aufbewahrt. Als ich das Göttliche im Menschen suchte, stieß ich auf einen Don Quichotte des 20. Jahrhunderts, auf den Nobelpreisträger Roger Martin du Gard. Die Freundschaft zwischen Jacques und Daniel beweist, daß Frankreich auch heute noch das Land ist, das die leuchtendsten Ausdrucksformen für die Seele geschaffen hat, und die französische Literatur das ausgebildetste Instrument, das Seelenmusik wiederzugeben vermag.

Wenn die Größe eines Dichters nach seiner Auswirkung bemessen wird, so irre ich wohl nicht, wenn ich sage, daß einer der größten europäischen Dichter in der Epoche vor, während und nach dem Ersten Weltkrieg Romain Rolland war. Sein großer Roman „Jean Christophe" ist eine Epopöe der Freundschaft zwischen Johann Christophe und Olivier, zwischen Deutschland und Frankreich, und allen Wahrheit suchenden, Größe liebenden Menschen. Einzelne Stellen aus diesem Werk kann man wie Gedichte in Prosa über das Thema Freundschaft und das der Kunst rezitieren: für die großen und erhabenen Dinge der Menschheit gibt es eine allgemeine, ewige Sprache — die der Kunst.

Je außergewöhnlicher die Beziehungen der Menschen sind, desto gefährlicher und schöner sind sie. Die Freundschaft Romain Rollands zu Malvida von Meysenbug ist zu den Wundern der menschlichen Beziehungen zu zählen. Erstens: sie gehörten zwei feindlich gesinnten Völkern an; zweitens: die Freundschaft zwischen Mann und Frau ist eine Ausnahme; drittens: es war eine Freundschaft zwischen einer Greisin und einem Jüngling. Nicht nur der Rhein, auch ein halbes Jahrhundert trennte sie voneinander.

Es ist schwer zu sagen, wer von beiden mehr zu bewundern ist: die gebrechliche alte Dame, die trotz aller schweren Prüfungen, Enttäuschungen und ihrer großen Vereinsamung am Lebensabend noch eine ungewöhnliche Strahlenkraft des Herzens besitzt, die den ruhelosen, genialischen Jüngling in ihren Bann zwingt. Oder Romain Rolland, der ungeachtet seines jugendlichen Egoismus, seiner Sturm- und Drangjahre während seines Aufenthaltes in Rom allabendlich seine mütterliche Freundin durch Beethovens Musik ergötzt. Als er die Jahre der Reife erreicht hatte, erkannte er den köstlichen Reichtum dieser Freundschaft und übergab seinen Briefwechsel mit Malvida, den er einen Dankgesang nannte, der

Öffentlichkeit. In der Einleitung heißt es: "Von all den Freundinnen, deren Zuneigungen über meinem Leben gewacht, will ich die eine wiedererwecken, die in meiner Jugend treue Gefährtin meines Geistes und zweite Mutter mir war." Durch Malvida erhielt er Aufschluß über das wahre Deutschland, dessen Sprache er wohl ohne ihre Freundschaft nie entziffert hätte. In die Seele des deutschen Volkes ist er "dank den Ohren des großen Dulders seiner Taubheit, des Teiresias der Musik — und dank den Augen Malvidas, die im Schweigen sprachen", eingedrungen. Was sie ihm offenbart haben, ist vielen modernen Deutschen unbekannt. Durch sie wurde ihm auch Richard Wagner zu einem seiner größten Jugenderlebnisse.

In der Parsifal-Aufführung neben Malvida sitzend, weint der junge Romain Rolland vor Ergriffenheit. Noch tiefer aber als Wagners Musik beeindrucken ihn die stillen Meditationen, die Erinnerungen Malvidas an ihre Begegnung mit den Größten ihrer Zeit. In Gespräch und Brief suchten und grüßten sie einander, erfreut und fast erschreckt durch ungewöhnliches Nahsein. Waren sie getrennt, erhielt Romain Rolland jeden Sonntag ein großes veilchenblaues Kuvert, das vier bis acht Blätter enthielt. Der erste Brief ist am 31. Januar 1890, der letzte im Todesjahr Malvidas, am 27. Februar 1903 geschrieben. Etwa sechshundert Briefe haben sie miteinander gewechselt. Durch Romain Rollands Heirat erfährt die Freundschaft eine Abkühlung. "Sobald die Flamme des Herzens mir wieder das Denken erlaubte", heißt es im Dankgesang, "nahmen wir unsern ernsten Gedankenaustausch wieder auf, den dann nur der Tod unterbrach." Was diese Freundschaft dem jungen Genius bedeutete, besagt wohl am besten sein schlichtes Bekenntnis im Dankgesang: "Der Freund, der dich versteht, erschafft dich. In diesem Sinne bin ich erschaffen worden von Malvida." Im Aufsatz „Antigone éternelle" erzählt er, daß seine christliche Mutter und der jenseits aller kirchlichen Dogmen wachende Geist Malvidas ihn die volle Tiefe der Kunst erahnen ließen. In den ersten zehn Jahren seiner schriftstellerischen Tätigkeit, während er den „Jean Christophe" schrieb, war sie sein einziger Halt: sie schenkte ihm das Größte, was man einem jungen schaffenden Künstler schenken kann: den Glauben an die innere Berufung. Sie war das sanfte Echo all seiner Träume und Rufe. Er gehörte keiner Gruppe an und seine Unabhängigkeit wurde ihm, wie zwanzig Jahre zuvor Nietzsche, nicht verziehen. Französische Verleger lehnten es ab, seine Dramen sogar gegen Bezahlung zu veröffentlichen. Er war wie Dante, wie Nietzsche und wohl wie jeder Genius, eine Partei für sich und das war damals nicht gestattet und wird wohl nie verziehen werden.

Malvidas Freundschaft umgibt ihn in dieser Zeit der Abgeschiedenheit wie der milde Hauch des Südens, und für sie war sein Klavierspiel, sein Vertrauen zu ihr, sein zukunftverheißendes Wesen Abend-Labsal. In einem Brief schreibt sie an ihn: „Während Sie gestern das erhabene Adagio spielten, empfand ich das Ewige der wahren Freundschaft und den göttlichen Frieden, der ihr Kennzeichen ist." In ihren Memoiren beschreibt sie, zwanzig Jahre ehe der Name Romain Rollands bekannt wurde, wie sie diesen jungen Dichter als zukünftiges Genie empfunden hat.

Alle seine Manuskripte wanderten, sobald sie vollendet waren, zu ihr. Wie es Menschen gibt, die ein absolutes musikalisches Gehör besitzen, so wiederum solche, die ein absolutes Gehör für Größe auszeichnet. Ein solches besaß Malvida und dieses machte sie zur Virtuosin der Freundschaft. Bei niedriger Intelligenz macht Liebe blind, bei hoher durchleuchtet sie das Urteil. Malvida urteilte mit ihrem Herzen und irrte nicht, als sie am 5. September 1890 Romain Rolland schrieb: „Statt einer Sternschnuppe tut sich eine ganze Welt leuchtender Gestirne vor Ihnen auf, eine Welt von Poesie, göttlicher Liebe und Güte, die Sie zu unsterblichen Werken begeistern wird. Ich hätte dies in meinem Leben vollbringen sollen; ich habe es nicht gekonnt; ich hinterlasse Ihnen meine Aufgabe... im Sterben werde ich mich freuen im Gedanken, daß es einen Idealisten gibt, der der Welt verkünden wird, daß das Leben einen anderen Sinn hat als jenen, den die Materialisten von heute ihm beimessen."

Dreiunddreißig Jahre nach Malvidas Tod erfüllte sich meine langersehnte Pilgerfahrt nach Villeneuve. Ich mußte Romain Rolland von Angesicht zu Angesicht sehen, um den von persönlichem und überpersönlichem Leid erschütterten Glauben an den Sinn des Lebens und die menschliche und göttliche Güte wiederzugewinnen. Ich konnte nicht länger mit dem Gedanken leben, daß alles hier auf Erden nur blinder Zufall sei. Ich fuhr von Rom aus zu ihm und brachte ihm als Geschenk ein kleines Notizbuch, in lettische Birkenrinde gebunden, mit, als Symbol der „weißen Sehnsucht" meines Volkes, und einen kleinen Immortellenzweig vom Grab der großen Europäerin in Rom. Ich überreichte ihm das Geschenk mit den Worten: „Wie der Stamm der Birke nie sein leuchtendes Weiß verliert, so verliert das lettische Volk nie seine Sehnsucht nach Freiheit; und dieser kleine, immergrüne Zweig ist der Stab, auf den ich mich bei der Wanderung durch die Lebenswüste stützte." Seine Augen füllten sich mit Tränen, als er die kleinen Sinnzeichen in den Händen hielt. Daß Freundschaft und ehrfürchtige Treue auch im zwanzigsten Jahrhundert, dem Jahrhundert des angehäuften Todes, ein unzerstörbares Heiligtum sind, wurde mir in jenen geweihten Stunden zur unerschütterlichen Gewißheit. Zu neuem Lebenskampf geläutert und gestählt, kehrte ich von meiner Pilgerfahrt an die Feuerfront des Lebens zurück.

Einen verwandten, wenn auch nicht so weit ausgeschwungenen Klang, verspüren wir in der Freundschaft des greisen Rodin zu der jungen deutschen Pianistin Helene Nostiz. Auch hier bildet Musik die Annäherungsbrücke, deren Sicherheit bisweilen Eros' feurige Funken bedrohen. Der Altersunterschied ist hier ein umgekehrter: sie ist jung, er ist alt. „Die Freundschaft schenkt den Frieden und ihre Gewißheit ist süß", schreibt der weltberühmte Meister an seine angebetete Freundin, die ihn nicht nur durch ihr Klavierspiel, sondern durch ihr ganzes Wesen innerlich erweckt und emporhebt. Ergreifend an dieser Freundschaft — die ebenfalls für die Nachwelt in vornehm zurückhaltenden, sublimen Briefen aufbewahrt ist — ist die Ehrfurcht, mit der sich der Gigant vor der zarten Blume neigt, und der Heiligenschein, mit dem er sie umgibt. So betete Dante Beatrice an: nicht durch ihre reale Gestalt, durch die Verherrlichung des Anbeters lebt sie im Gedächtnis der Menschen fort. Eine schmerzhafte Abkühlung entsteht durch die Heirat der jungen Musikerin, allein nach kurzer Zeit gewinnen die Briefe die frühere Leuchtkraft wieder.

In der Blütezeit der deutschen Romantik, als der Katechismus für edle Frauen entstand, als die Frau Griechisch und Latein lernte, nicht um ein Diplom zu erhalten oder damit ihr tägliches Brot zu verdienen, sondern um ihren inneren Reichtum zu steigern, als man die Geschlechtsverschiedenheiten nur als eine Äußerlichkeit des menschlichen Daseins betrachtete, die den Gesetzen der Vernunft unterzuordnen ist, als Schönheit die durchsichtige, vergängliche Form von unsterblicher Seele und göttlichem

Geist war, damals als man bemüht war, die Frau von der Tyrannei der Sinne zu befreien und die Männlichkeit und die Weiblichkeit im Namen der höheren Menschlichkeit zu läutern, wurde der Freundschaft ein hehrer Altar errichtet. Über Altersunterschiede sah man großzügig hinweg: Karoline war fünfunddreißig Jahre alt, als der vierundzwanzigjährige Schelling sich in sie verliebte, und als sie nach elfjähriger Ehe starb, sagte er, sie habe die Gewalt, das Herz im Mittelpunkt zu treffen, bis ans Ende behalten. Auch Dorothea war neun Jahre älter als Friedrich Schlegel.

Das Sinnbild der Frauen der Romantik und ihrer Freundschaften, die von Liebe kaum abzugrenzen waren, ist wohl Rahel Levin, die Frau mit dem heißen Herzen und dem scharfgeschliffenen Verstand, von der einer ihrer Freunde sagte, sie besäße den Geist eines Philosophen und das Herz eines Apostels; und sie selbst charakterisierte sich mit den Worten: „Ich bin eine Mutter ohne Kinder." Sie, für die die höchste Tugend Mut war, besaß den gefährlichen Mut, sich selbst treu zu bleiben. In die hergebrachten Lebensformen konnte sie sich nicht einordnen — ihr Leben und ihr Wesen hatten den Klang und Rhythmus von Beethovens Appassionata.

Aus ihren dunklen Augen spricht dichte Traurigkeit; aus ihrer Stirn lichte Gedankenarbeit, auf ihren Lippen ruhte die Bitternis der Enttäuschung. Diese keineswegs hübsche, von Krankheit gefolterte und doch nicht gebrochene Frau, hatte ihr Haus in Berlin zum Zentrum geistiger Wechselwirkung ausgestaltet, Schleiermacher, Fichte, Tieck, der Philologe Wolf waren ihre häufigsten Gäste und der Höhepunkt ihrer Feiertagsstunden — Goethes Besuch.

Sie verstand dem Zwiegespräch den Ernst und die Tiefe einer Beichte zu verleihen. Einer ihrer Zeitgenossen hat gesagt, ihre Augen seien ebenso ausdrucksvoll wie ihre Worte. Gelang einem ihrer Freunde ein Werk, erfüllte sie Stolz, als hätte sie es selbst geschaffen.

Diese scheue, vom Gefühl der Minderwertigkeit geplagte Frau hat das Rot ihrer Leidenschaft in ein tiefes, sanftes Violett der Freundschaft zu wandeln verstanden. Sie verschenkte sich an ihre Freunde, von denen eigentlich keiner sie ganz zu erfassen vermochte. Aus ihren Briefen und Tagebüchern erahnen wir das Geheimnis eines unerfüllten und doch reichen Lebens. Als sie dreiundvierzig Jahre alt ist, heiratet sie den dreizehn Jahre jüngeren Diplomaten Varnhagen und ist ihm für die stille Rücksicht und die Höflichkeit des Herzens, mit der er sie umgibt, tief dankbar.

Aus den Wurzeln des Schmerzes, aus einem Leben voller Entäußerungen entwickelt sich diese andauernde Pflanze, in deren Kelch sich Freundschaft und Liebe von Jahr zu Jahr vertiefen. Wo im menschlichen Landschaftsbild Gipfel der Kultur ragen, erklingt das Glockenspiel der Freundschaft, bald in Dur, bald in Moll. Ralph Waldo Emerson, die lebendigste Brücke zwischen der alten und neuen Welt, der Montaigne Amerikas, von dem sein Zeitgenosse Carlyle gesagt hat: „Sie sind eine neue Ära in Ihrem jungen, gewaltigen Land", den Maeterlinck den Mystiker des Alltags und Nietzsche seine erste glückliche Inkarnation genannt haben, Emerson, der Goethes Geistesgold nach Amerika brachte, der Verherrlicher der starken Persönlichkeit, der ekstatische Künder eines vollkommeneren Menschen, der furchtlose Bekämpfer des Sklaventums, der pantheistische Romantiker und machtvolle Essayist, der den schönen Satz geprägt hat: „Man kann über den Menschen nie gut genug denken", — er hat in seinen Schriften die lichteste Opferflamme der Freundschaft entzündet:

„Wir leben in ständiger Hast. In uns ist nicht einmal der Wunsch, dieser Eile Halt zu gebieten. Wenn wir aber einen Freund treffen, bleiben wir stehen. Jetzt erscheint uns unsere Glut und Hetze sinnlos, wir sehnen uns nach Ruhe und Eigentum, es verlangt uns, diesen Festtagsaugenblick mit unserer ganzen Herzenstiefe zu erleben."

„Was ist herrlicher als Freundschaft, die tief in uns verwurzelt ist."

„Wenn zwei Menschen einander begegnen, wie sie einander begegnen sollen, dann müßte die ganze Natur ein Fest feiern und allen Geschöpfen das frohe Ereignis laut verkünden."

Wie Kameradschaft die alltägliche Form der Freundschaft ist, so ist ihre ekstatische Form die *Verehrung*, die sich in den Beziehungen zwischen Meister und Jünger, Lehrer und Schüler kundgibt.

Die Freude des Lehrers ist der Freude des Gärtners vergleichbar: er beobachtet das geheimnisvolle Wachstum, das Keimen der gesäten Saat; er stützt den jungen, fruchttragenden Baum, ohne sich darüber Gedanken zu machen, in wessen Hände die Ernte fallen wird. Schüler um sich zu versammeln, bedeutet, sich der Freude des Schenkens und Ausschenkens, des Verteilens hinzugeben. Marc Aurel, das Vorbild aller Männertugenden, der sein Leben zum Denkmal seiner selbst machte, nannte jeden seinen Lehrer, der ihn auf ein gutes Buch aufmerksam gemacht oder ihm dazu verholfen hatte, ein solches zu erlangen. Bis an sein Lebensende empfand er Dankbarkeit seinen Wegweisern gegenüber. Bisweilen geschieht es, daß der Schüler nicht den vom Lehrer gewiesenen Weg des Lichtes, sondern den der Dunkelheit geht, und nicht immer ist es die Schuld des Lehrers: einen Nero vermag auch ein

Seneca nicht zum Ehrenmann zu wandeln. Und Judas Ischariot, den Jesus seinen Freund nannte, verkaufte ihn für dreißig Silberlinge. Wenn Gottes Sohn einen Judas Ischariot zum Jünger erwählte, wie kann dann ein Mensch für die absolute Richtigkeit seiner Menschenbeurteilung einstehen? Mit der gleichen Schlichtheit, mit der uns der Evangelist von dem Urverrat berichtet, schildert er uns auch das Bild der Uranbetung. So tief der Mensch in Judas Ischariot herabsinkt, so hoch steigt er in der lichten Gestalt Marias, der Schwester des Lazarus, empor.

Jesus war in Bethanien Gast im Hause des Lazarus und seiner Schwestern. „Da nahm Maria ein Pfund Salbe von ungefälschter, köstlicher Narde und salbte die Füße Jesu und trocknete mit dem Haar seine Füße; das Haus aber war voll von dem Geruch der Salbe." Sie wusch seine Füße nicht mit Wasser und trocknete sie nicht mit einem Tuch, wie das ein vom Prinzip der Nüchternheit und Nützlichkeit bestimmtes Wesen getan hätte; sie verkaufte nicht die Salbe, um den Erlös den Armen zu geben, dienend verschenkte sie das Teuerste und sich selbst.

Anbetung ist von der Freude am Opfern nicht zu trennen. Ist es nicht seltsam, daß man das dunkelste und lichteste Wesen mit demselben Wort — Mensch — bezeichnet?

Das Erlebnis Rodin-Rilke gehört zu den großen Ausnahmen, um deretwillen es wert ist, Mensch genannt zu werden.

Für Rilke, den leidenschaftlichen Anbeter menschlicher Größe, war Huldigung eine Notwendigkeit wie für den Durchschnittsmenschen Atmen. „Des Künstlers ist es, das Rätsel zu lieben. Das ist alle Kunst: Liebe, die sich über Rätsel ergossen hat, — und das sind alle Kunstwerke:

Rätsel, umgeben, geschmückt, überschüttet von Liebe."
— Er liebte das Rätsel, er huldigte dem Rätsel, wie kaum ein anderer, er war in das Rätsel Rodin verliebt. Zum fünfundsechzigjährigen Rodin, dem Titan, der mit all seinen Sinnen lebte, kam der noch nicht dreißigjährige Dichter des Stundenbuches und der „Geschichten vom lieben Gott". Ängstlich auf die Gesundheit seines Leibes bedacht, introvertiert, wirklichkeitsfremd, lernt er das offene Leben kennen und die Dinge sehen. Rodin, der Gott brüderlich die Hand reicht, öffnet ihm die Augen für die Wirklichkeit. Wenn auch die „Berge des Urleids" ihn niederdrücken, so sieht er doch über dem ewigen Gebirge den ewig leuchtenden Himmel.

1902 reift in ihm der Entschluß, über Auguste Rodin eine Monographie zu schreiben. Dieses Werk ist für ihn innere Berufung, Fest, Freude, vornehme Pflicht. In Rodin sieht er „eine Zusammenfassung von Größe und Macht, ein künftiges Jahrhundert, einen Mann ohne Zeitgenossen". Er sendet Rodin einige seiner Bücher in der Originalsprache — noch ist nichts von ihm ins Französische übersetzt, aber es ist ihm Notwendigkeit, seine Bekenntnisse im Besitz des Meisters zu wissen „... car j'ai le besoin de savoir quelques de mes confessions entre vos choses, dans votre possession, près de vous, — comme on met un coeur d'argent sur l'autel d'une martyre miraculeuse" — so schreibt er dem Meister. Die junge Generation braucht nicht Belehrung, sondern Beispiele, nicht Worte, sondern Hände, die Größe schaffen. Er legte sein Herz auf den Rodin-Altar, daß es dort verbrenne oder genese. In der ersten Phase ihrer Bekanntschaft besuchte Rilke von Paris aus den Meister in Meudon. Dann verläßt er Paris und sendet Rodin sein ihm gewidmetes Werk. Von seinen Reisen in Italien, Dänemark, Schweden und Deutschland zurückgekehrt, nimmt er Wohnung bei

Rodin, ein ihn seligmachender Brief hat ihn zum Meister, der sich nach Gesprächen mit ihm sehnt, gerufen: „Monsieur Rodin tient à ce que vous restiez chez lui pour pouvoir parler", schreibt der Sekretär im Auftrag seines Herrn. September 1905 bis Mai 1906 hat Rilke in Meudon ein kleines Häuschen, ganz für sich „mit entzückenden Dingen voll Würde" und besorgt Rodins Korrespondenz als eine Art Privatsekretär. Rilke, der das Wort „Undemut" geprägt hat und für den Mangel an Demut der häßlichste menschliche Fehler war, hatte als vornehme Natur immer das Gefühl, als sei er nur der Nehmende. Es kam ihm nicht zum Bewußtsein, wie bedeutsam für Rodin die Weihegabe seines Verständnisses war.

Wie tief ihn nicht nur Rodins Kunst, sondern auch seine Persönlichkeit berührte, zeugt der an Frau Klara gerichtete Brief: „Er hat mich empfangen ... wie einen ein lieber Ort empfängt, zu dem man auf dichter gewordenen Wegen wiederkehrt: eine Quelle, die, während man fort war, gesungen hat und gelebt und gespiegelt hat, Tag und Nacht — ein Hain, über den die Zugvögel hin und her geflogen sind, Schatten ausbreitend, über sein Geflecht, — ein Weg an Rosen entlang, der nicht aufgehört hat, zu jenen entlegenen Plätzen zu führen; und wie ein großer Hund, so hat er mich empfangen, wiedererkennend mit tastenden Augen, befriedigt und still; und wie ein thronender östlicher Gott, nur bewegt innerhalb seines erhabenen Ruhens und Geruhens und mit dem Lächeln einer Frau und mit eines Kindes ergreifender Gebärde."

Diesen Brief muß man immer wieder lesen, damit die Kunst zu huldigen nicht aussterbe, eines der wenigen Dinge, die den Menschen vom Tiere unterscheiden.

In einem anderen Brief hat er Rodins Porträt mit Rembrandtscher Inbrunst und Seelenkenntnis gemalt: „Tief in sich trug er eines Hauses Dunkel, Zuflucht und

Ruhe, und darüber war er selbst Himmel geworden und Wald herum und Weite und großer Strom, der immer vorüberfloß. Oh, was für ein Einsamer ist dieser Greis, der, versenkt in sich selbst, voller Säfte steht wie ein alter Baum im Herbst. Er ist tief geworden; seinem Herzen hat er eine Tiefe gegraben und sein Schlag kommt fern her, wie aus eines Gebirges Mitte. Seine Gedanken gehen in ihm umher und füllen ihn an mit Schwere und Süßigkeit und verlieren sich nicht an die Oberfläche. Er ist stumpf geworden und hart gegen das Unwichtige, und wie von einer alten Rinde umgeben, steht er unter den Menschen."

Enthusiastisch sind seine dem Meister im Gespräch, im Brief, im Buch und öffentlichen Vortrag dargebrachten Huldigungen, die Intuition des schöpferischen Menschen sagt ihm untrüglich, daß der Ewigkeitshauch Rodinscher Werke sein Seelengefilde befruchtet. Er naht sich Rodin mit einer tiefen Stille im Herzen, in der die Worte des Meisters wie Bildwerke entstehen. Immer wieder erklingt die Frage: wie muß man leben? Und immer wieder lautet die Antwort: Arbeiten und Geduld haben. Er erfährt durch Rodin die Köstlichkeit der Arbeit: denn selbst die Kathedralen, „diese Berge und Gebirge des Mittelalters wären nie fertig geworden, wenn sie aus Inspiration hätten entstehen sollen". Er folgte Rodin in der inneren Anordnung des künstlerischen Prozesses, er übernahm von ihm das tiefe Gesammeltsein um des Bildens willen, und sein Werk gewann an Unmittelbarkeit und Reinheit. Rodin machte ihn zum Liebenden, zum Beschenkten der Umwelt, er machte ihn zum Lernenden und Zuschauenden der Schönheiten und Dinge. So manches Wort, das Rilke über Rodin gesagt hat, läßt sich in den Jahren der Reife auf ihn selbst beziehen, denn es ist schon einmal so, daß der Mensch in allen Stimmen seine eigene hört, und wenn auch nicht die Stimme selbst, dann ihren Traum. Durch Rodin erfuhr er, daß es Aufgabe des Kunstwerkes ist, das Ding noch inniger, noch fester, noch tausendmal besser in den weiten Raum einzufügen, als die Natur es schon eingefügt hat. „Das Ding ist bestimmt, das Kunst-Ding muß noch bestimmter sein; von allem Zufall fortgenommen, jeder Unklarheit entrückt, der Zeit enthoben und dem Raum gegeben, dauernd geworden, fähig zur Ewigkeit. Das Modell scheint, das Kunstding ist."

Rodin verschönt, indem er schaut, und trotzdem spürt man die Unerbittlichkeit des Lebens und noch mehr die der Zersetzung und des Todes in seinen Werken. Von Rilke, dem Dichter der Briefe aus Muzot, läßt sich das gleiche sagen.

Wahres Nehmen ist vom Geben nicht zu unterscheiden. Im 20. Jahrhundert, dem Jahrhundert der Entpersönlichung, Entseelung und Entgottung erfüllt sich im Verhältnis Rodin-Rilke das seltene Wunder menschlicher Beziehungen. Zwei außergewöhnliche Menschen treffen einander und nehmen sich die Muße, beieinander stehenzubleiben. Der Jüngere bringt den Mut auf, dem Älteren zu dienen und findet durch diese Opfertat sein eigenes Ich.

Schopenhauer lebte als „privatisierender Fremder" in Frankfurt, voll bitterer Verachtung gegen sein „tintenklecksendes Vaterland", das ihm kein Verständnis entgegenbrachte.

„Die Welt als Wille und Vorstellung" trägt die Widmung: „Nicht den Zeitgenossen, nicht Landsgenossen — der Menschheit übergebe ich mein nun vollendetes Werk." Seine Stimme war aber noch nicht in die Welt gedrungen. Vergebens wartete er auf ein Echo. 1846 fiel sein

Hauptwerk zufällig in die Hände eines Rechtspraktikanten mit Namen Ludwig Doß. Schon die ersten Kapitel beeindrucken den Leser so, daß er glühend vor Begeisterung Schopenhauer, von dem er früher nichts gehört hatte, einen Brief schreibt. Mit den Augen des Genies erblickt er die Welt in einem neuen Licht. Der junge Rechtspraktikant hat sich seinen Meister gewählt, und das Schicksal hat Schopenhauer, der sich „einsam wie der Mann im Monde" fühlte, einen Jünger gesandt. Sie korrespondieren miteinander, und erst drei Jahre später, am 17. April 1849, entschließt sich Doß, seine Scheu überwindend, Schopenhauer zu besuchen. Schopenhauer ist einundsechzig Jahre alt — Doß neunundzwanzig. Nur dreimal haben sie einander persönlich getroffen. Bei dem dritten Besuch dauert das verständnisbeseelte Gespräch sieben Stunden. Schopenhauer ist über den „unglaublichen Enthusiasmus" seines jungen Freundes, den er scherzweise Apostel Johannes nennt, beglückt; er sieht darin ein Unterpfand der Wirkung, die seine Schriften in der Zukunft haben werden.

Skizzieren wir das psychologische Problem Meister und Jünger, so dürfen wir das vollendetste Beispiel nicht unerwähnt lassen: Eckermanns Dienst an Goethe. Eckermanns Name wäre in der deutschen Kulturgeschichte unbekannt, wenn er nicht in den letzten zehn Lebensjahren Goethes dessen idealer Sekretär, bewundernswerter Gesprächspartner und Chronist gewesen wäre. Und umgekehrt: hätte die Natur nicht einen Eckermann hervorgebracht, gäbe es nicht „Die Gespräche", eines der schönsten deutschen Prosabücher und eine der wahrsten Goethespiegelungen. Eckermann hat in seiner Jugend Dramen und Verse geschrieben, aber erst dadurch, daß er in den Bannkreis Goethes trat, erhielt er sein Eigenleben. Wäre es nicht dazu gekommen, wäre er nicht der einmalige

Eckermann, sondern ein unbeachteter, verschwindender Tropfen im Menschenmeer. Wir täten unrecht, ihn für einen Durchschnittsmenschen zu halten. Er besaß eine ungewöhnliche Intelligenz, die das Belanglose vom Wichtigen schied und fähig war, aus zufälligen Tagesgesprächen, aus Kieselsteinen ein herrliches Denkmal zu errichten. Er besaß Sinn für Schönheit und Geschmack. Er verstand sein eigenes Ich abzuschließen, um das des Meisters um so heller leuchten zu lassen: er besaß ein angeborenes Taktgefühl, und dieses wertete Goethe bei Menschen und Völkern als höchste Tugend. Nur dadurch ist es zu verstehen, daß der Meister zu ihm ein so tiefes Vertrauen faßte, und die Gespräche von einer so köstlichen Offenherzigkeit gekennzeichnet sind (z. B. die Erinnerung an Lilli), die uns immer wieder entzückt und erstaunt. Und dennoch hat Eckermann es nie gewagt, sich einen Freund Goethes zu nennen.

Nur dort verwirklicht sich wahre Kultur, wo es neben den Heroen verehrende, verstehende Geister gibt. Erst durch die Wechselwirkung wird das Größte geschaffen. Das wußte Goethe am besten. Kurz vor seinem Tode, am 17. Februar 1832, sagte er zu Eckermann: „Ich verdanke meine Werke keineswegs meiner eigenen Weisheit allein, sondern Tausenden von Dingen und Personen außer mir, die mir dazu das Material boten ... ich hatte weiter nichts zu tun, als zuzugreifen und das zu ernten, was andere für mich gesät hatten."

Kein anderes Wort ist so vieldeutig wie das Wort: *Liebe*. Mit diesem Wort bezeichnet man Befriedigung des Geschlechtstriebes, lasterhafte Lust, verzehrende Leidenschaft, bewunderndes und hilfreiches Mitleid, schöpferische Vereinigung. Plato, der Repräsentant des Altertums, Stendhal, der Repräsentant des Westens, Solowjew — der des Ostens, Ortega — der des differenzierten 20. Jahrhunderts, haben versucht, das Wesen des ältesten und schönsten der Götter, der aus dem gärenden Chaos entstand und die auseinanderstrebenden Teile des Alls festhielt und an eine Mitte band, — sie alle und viele andere haben immer wieder versucht, das Wesen des Eros zu ergründen. Jeder gab ein anderes Bild.

Die Liebe, von der ich hier spreche, ist Religion; denn Anbetung des Göttlichen ist Religion, und das Göttliche offenbart sich am unmittelbarsten im Menschen. Liebe ohne Freundschaft ist ein Sinnenrausch, Wollust des Fleisches, oder auch irrsinnige Leidenschaft, die für einen Augenblick alles in Flammen setzt, um nachher alles in Asche zu verwandeln. Orgien unersättlicher Liebesglut und unheimlicher Lüsternheit hat Dostojewskij geschildert[1], und Tolstoi die Allmacht der Sinne in Anna Karenina, einem der vollendetsten Romane der Weltliteratur. Auch bei Gerhart Hauptmann wird die Liebe zur Hörigkeit, die Leidenschaft ein Tyrann ohne Gnade, ohne Tiefenperspektive, ohne die unausweichliche Tragik der genialen russischen Schriftsteller.

Liebe ist höchste Magie, wenn Freundschaft sie verklärt, durchleuchtet und gefestigt hat. Daß Liebe nicht nur in den Träumen der Dichter besteht, sondern auch in den Herzen lebendiger, sündiger Menschen, davon zeugt die Ehe zwischen Elizabeth Barret und Robert Browning, wie auch Dostojewskijs zweite Ehe mit Anna Grigorjewna.

Bei allen anderen Erlebnissen fragt man: Warum? Weshalb? Was hat es für einen Sinn? Einzig in der Liebe verstummen alle Fragen. Liebe ist Andacht und Sehnsucht

---

[1] In den Paaren Nastassja Filippowna und Ragoschin sowie Mitja Karamasow und Gruschenka.

nach Unsterblichkeit. Wer am Grabe eines geliebten Menschen gestanden, in dessen Herzen erwacht der Glaube, der Traum, der Gedanke der Unsterblichkeit.

Das Erste und Letzte, das Höchste und Entscheidendste in der Liebe ist der Sinn füreinander — der unerklärliche, unnennbare, unauffindbare, geheimnisvolle Grund, warum gerade diese zwei Menschen beieinander stehenbleiben und zueinander halten. Wir leben im Menschen, den wir lieben. Nur wer liebt, kennt die verborgenen Schätze seines Weltinnenraumes. Der Liebende entzündet in der Geliebten ein Licht: plötzlich werden alle Edelsteine, auch die, die im innersten Schacht ruhen, sichtbar. Wer nie geliebt hat, lebt in ewiger Nacht. Wer liebt, herrscht ohne Gewalttat und dient, ohne Sklave zu sein. In der Liebe sind die Liebenden wechselseitig Sonne und Erde.

Es ist besser, mit dem Geliebten in der Hölle zu sein, als ohne ihn im Paradies. Sollte man mir an den Pforten des Paradieses sagen, daß ich dort den Geliebten nicht wiedersehe, würde ich dem Paradies den Rücken kehren. Durch den geliebten Menschen flutet Licht selbst in die Hölle. In Dantes Göttlichem Lied habe ich immer am meisten sein zartes Taktgefühl bewundert, sein Verstehen allen Liebenden gegenüber: er hat Francesca und Paolo, die in den Augen der Welt und Gottes gesündigt haben, nicht voneinander getrennt, wohl wissend, daß es eine Tiefe der Liebe gibt, wo ein Mensch über seine Mitmenschen nicht mehr urteilen darf. Wäre einer der beiden Liebenden im Paradies und der andere in der Hölle, dann würde der Schmerz ihr Herz zerreißen und ihr Gesicht in Verzweiflung verzerren; wie Delacroix, so haben auch alle übrigen Maler und Bildhauer, die sich diesem Thema zugewandt haben, die beiden Liebenden in verklärter Schönheit dargestellt. Die Leidenschaft ist hier beseelt, sinnliches und geistiges Empfinden nicht voneinander zu trennen. Nicht der Wein, ein Buch berauschte sie und zwang sie zueinander:

> Das Buch regt' in uns auf des Herzens Drang,
> trieb unsere Blick' und macht' uns oft erblassen,
> doch eine Stelle war's, die uns bezwang.
> — — — — — — — — — — — —
> An jenem Tage lasen wir nicht mehr.

„Die Liebe, die in edles Herz sich senkt" / „die Liebe, die Geliebte stets berückte" / „die Liebe hat uns in ein Grab gesandt", bekennt Francesca. Und in der purpurschwarzen Nacht der Hölle fliegen die Geliebten untrennbar vereint „gleich wie ein Taubenpaar" davon.

Der fünfte Gesang der Göttlichen Komödie erfüllt uns mit Dankbarkeit und Freude: es gibt eine Liebe, die auch dem Feuer der Hölle standhält.

Freundschaft, Gespräche und Briefe sind eng miteinander verbundene Ausdrucksweisen eines anthropozentrischen Geistes. Ihr gemeinsames Leitmotiv ist Ehrfurcht vor dem Menschen, Liebe zu ihm und ihre gemeinsame Voraussetzung — die Muße.

Wahre Muße kennen am besten hochkultivierte Menschen. Als Duhamel zur Rettung des inneren Menschen den Park der Stille empfahl, war er ja nur von der Notwendigkeit der Muße durchdrungen. Die Epidemie des Irrsinns hätte vielleicht die Menschen des 20. Jahrhunderts nicht ergriffen, wenn sie sich die Zeit genommen hätten, innezuhalten, stehenzubleiben, sich auf sich selbst zu besinnen.

Muße ist Voraussetzung zur inneren Reife, zum Wachstum, zum Schaffen, mit einem Wort: zur Innerlichkeit. Auch das Gewissen, dieses altmodische Ding, redet nur in Stunden der Muße.

Sage mir, wie du deine Mußestunden verbringst und ich werde dir sagen, wer du bist. Tölpel und Hohlköpfe versuchen ihre freie Zeit totzuschlagen, der innerlich reiche Mensch dagegen wird immer wissen, wie er seine freie Zeit ausfüllt. Der innerlich Verarmte, Ausgehöhlte, auch der Zwiebelmensch, der Kernlose, kämpft gegen die Langeweile wie gegen seinen bösesten Feind. Bennet behauptet, Langeweile sei den Menschen gefährlicher als Tuberkulose und andere tödliche Krankheiten. Sie ist der Anfang aller Übel.

Nur wer im inneren Einklang mit sich selbst lebt, wer keine Wüste in sich trägt, sehnt sich nach klingenden, sorglosen Stunden, wo das Lebensgefühl als solches uns mit Freude erfüllt. Der phantasiebegabte Mensch wird in stillen Mußestunden die schönsten Bauten — Luftschlösser — errichten, der phantasielose — einen Strick drehen, um sich zu erhängen.

So alt wie die Kultur ist auch der Ruhm der Muße. In seinem Essay „De otio" prägt Seneca den klassischen Satz: „Otium sine litteris mors est et hominis vivi sepultura." — Muße ohne geistige Tätigkeit ist der Tod und ein Lebend-Begrabensein des Menschen. Er empfiehlt dem, der ein sinnerfülltes Leben sucht, sich in sich selbst zurückzuziehen. Nur in der Zurückgezogenheit ist moralische Selbstbesinnung möglich. Man darf aber Zurückgezogenheit nicht mit Verlassenheit gleichsetzen. Zurückgezogenheit erhöht und befreit wie alles Selbstgewollte; Verlassenheit ist durch die Umgebung bedingt und trägt den schmerzhaften Dorn des Unbefriedigtseins in sich. Schopenhauer nennt „die freie Muße die Blüte, oder vielmehr die Frucht des Daseins eines jeden". Je beschränkter jemand ist, desto hartnäckiger sucht er Gesellschaft auf. Nur Reichtum des Geistes gestattet Muße.

In Schopenhauers Aphorismen zur Lebensweisheit lesen

wir, daß der Hochbegabte auch die ödeste Landschaft mit seinen Gedanken bevölkert und belebt, der Stumpfe dagegen überall Überdruß an sich selbst empfindet. Gleich Bennet warnt Schopenhauer vor Langeweile, die eine „schreckliche Stagnation aller Kräfte im ganzen Menschen" ist. Selbst die Zigarre nennt Schopenhauer ein Surrogat der Gedanken und fügt grimmig hinzu, daß Menschen, die keine Gedanken auszutauschen haben, Karten tauschen, denn das Kartenspiel ist nichts anderes als ein „Bankrott an allen Gedanken". Wo dem so ist, können wir nur mit Schopenhauer ausrufen: „Oh, klägliches Geschlecht! Das Schicksal ist grausam und die Menschen sind erbärmlich. In einer so beschaffenen Welt gleicht der, welcher viel an sich selber hat, der hellen, warmen, lustigen Weihnachtsstube, mitten im Schnee und Eis der Dezembernacht."

In der Bewertung der Muße befindet sich Europa in der Mitte zwischen dem Orient, wo es einen wahren Kult der Muße gibt, und Amerika, wo man den Segen der Muße nicht kennt.

Der Philosoph der lächelnden Lebensweisheit, Lin-Ju-Tang, der in seinen englisch geschriebenen Werken Wahrheit und Güte vereinigt, behauptet, daß die chinesische Kultur durch die Philosophie der Muße bestimmt sei. In einem seiner Werke sagt er: „Der Weise kennt keine Hast und der Hastige ist nicht weise." Er weist darauf hin, daß die Freude an der Muße eine der wenigen ist, die allen zugänglich bleibt. Weder Reichtum noch Bildung ist dazu nötig, nur eine musische Natur, ein offenes Herz und eine feine Empfindsamkeit aller Sinne.

Einer der besten, furchtlosesten Kenner Amerikas, der leidenschaftliche Amerikaner Sinclair Lewis, der Satire, scharfe Kritik und dennoch Liebe zum lebenden Menschen und allen Völkern besitzt, hat in seinem Roman „Sam

Dodsworth" eine glänzende Auseinandersetzung zwischen Amerika und Europa gegeben. Er behauptet, daß die Amerikaner mit dem absurden Eifer der Insekten durcheinanderrennen, und in Amerika der Gott der Geschwindigkeit, ein fehlerloser, unersättlicher Gott herrsche. Muße sei dem Amerikaner wesensfremd und gleichbedeutend mit Langeweile. Der Amerikaner bewundert den englischen Geschäftsmann, der abends ein Buch liest und ein Steckenpferd hat. Ist der Amerikaner alt und kann nicht mehr arbeiten, so langweilt er sich.

Amerika, das Land unvergleichlicher Bequemlichkeit des täglichen Lebens, der technischen Erfindungen, des Humors und des Lerneifers, wo die verrauchten Stahlhütten wie „wahnsinnig gewordene Kathedralen" uns anmuten, die im Verlauf von zwanzig Jahren auf unbewohnten Sandwüsten entstanden sind, „besitzt die besten Automobile, aber keinen stillen Platz, wohin man mit diesen Automobilen fahren kann".

Den Europäer beeindruckt es tief, wenn er im Werk eines repräsentativen Amerikaners liest: „Nur in Europa kann man das Vergnügen haben, anonym zu sein, in der Menge zu verschwinden, seinem eigenen Selbst zu leben, die Würde eines privaten Daseins zu genießen." Sinclair Lewis behauptet, man habe in Amerika kein Privatleben, diesen Luxus gestatte man sich nur noch in Europa. Es war einmal... Wir Europäer müssen an der Muße festhalten, wenn wir auch ferner glauben wollen, daß ein Beethoven und Romain Rolland dem Leben einen tieferen Sinn verleihen und wichtiger sind als eine zweckmäßige Wohnungseinrichtung.

Am Ende bleibt doch jeder allein, das Erlebnis des Sterbenden kann niemand mit uns teilen, und darum ist es wichtig, daß man beizeiten versteht, allein zu sein.

Freundschaft ist nicht nur durch Muße, sie ist auch durch die Wärme des Herzens bedingt.

Wie wohltuend Wärme ist, das wissen wir Nordländer am besten. Kälte gemahnt an den Tod, an Leblosigkeit, an die häßlichen Kriechtiere. Wärme gemahnt an Sonne, an die, die am Himmel scheint, wie auch an die, die im Herzen der Menschen leuchtet. Malvida von Meysenbug, Chopin und selbst der gigantische Ibsen verließen, vom Dämon regnerischer Tage gepeinigt, ihre Heimat und suchten den Süden auf. Nietzsche sagt in seinem Vermächtnis: „Das Genie ist bedingt durch trockene Luft und reinen Himmel." Ach, nicht nur das Genie, alle reizbaren Naturen sind es wohl. In einem kalten Zimmer frieren die Gedanken an die Gehirnkruste an. In der Wärme lösen sich die Gedanken, werden zu beschwingten Metaphern, Schmetterlingen gleich, die im Winter leblos auf der kalten Fensterbank lagen.

Noch schlimmer als die atmosphärische Kälte ist die des Herzens. Trockene, nüchterne, intellektualistische, sachliche Naturen strahlen keine Wärme aus. Gott hat sie ihnen, gleich wie der Eidechse und dem Frosch, versagt.

Auch Bücher vermögen warm und kalt zu sein. Es gibt Bücher hoher Qualität, die durch ihre Kühle ernüchternd wirken, z. B. Prousts „A la recherche du temps perdu", und ein großer Teil von Thomas Manns Romanen, besonders die Geschichte Jakobs, dieses Buch zivilisierter, intellektualisierter Magie, dieses Buch der Verbürgerlichung kosmischer Symbolik. Auch die Alterswerke Tolstois, in denen die gedankliche These stärker als das dichterische Bild ist, wie z. B. in der Kreuzersonate, sind kalt. Welche Wärme dagegen entströmt seinen Jugendwerken, wie auch denen der Reife! Auf Tolstoi übte Musik einen starken Zauber aus, der meist sinnlicher Natur war; in der Jugend gab er sich diesem Zauber rückhaltlos hin, im Alter bäumte er sich dagegen auf. Bei der Schilderung des Klavierspiels in seiner „Kindheit" hören wir förmlich die Sonate Beethovens, jede Note wird lebendig, zittert in unserer Seele nach, auch dann noch, wenn wir das Buch geschlossen haben. In der Kreuzersonate besteht die Schilderung der sinnlichen Macht der Musik nur aus logischen Sätzen und Beweisen, in denen Tolstois grausam klare Vernunft das ekstatische Erleben Beethovens erstickt hat.

Ein unersetzliches kulturhistorisches Dokument ist Goethes und Schillers Briefwechsel; aber er ist ohne innere Wärme. Wir bewundern das hohe geistige Niveau, die geistige Wechselwirkung, doch unser Herz wird nicht mitgerissen. Diese Briefe zwingen uns nicht, uns vor dem Giganten in Liebe zu beugen. Der Briefwechsel Goethe — Schiller trägt den Charakter gelehrter Abhandlungen, die unsere Bewunderung, doch nicht unsere Zuneigung erwecken. Die beiden hervorragenden Geister betrachten sich einer im andern wie in einem Spiegel. Diesen Briefen mangelt es an der Lieblichkeit und Offenheit des Herzens, am persönlichen Charme. Aus diesen Briefen sprechen nur der Geist und die Vernunft, die Klugheit der beiden. Es ist fast unglaublich, wie gut Goethe es verstand, sein persönliches Ich auszuschalten. Schiller diskutiert über Fragen der Ästhetik, Goethe spricht über Philosophie, Dichtung und den Weimarer Hof. „Die heitere Ruhe seines Blickes gemahnt an die Dezembersonne; sie verbreitet Kälte, wenn sie scheint." (Romain Rolland an Malvida.) Goethes Denken spricht aus diesen Briefen, nicht sein Leben, Lieben und Leiden.

Nicht weniger reich an geistigen und geistvollen Anregungen ist der Briefwechsel zwischen Romain Rolland und Malvida von Meysenbug, den ich schon öfter erwähnt habe. Hier berühren die Seelen einander, umarmen sich, brennen im gemeinsamen Feuer, und diese Flamme erwärmt den Leser auch in dunkelster Nacht. Immer wenn es einen friert, begehrt man zu diesem Briefwechsel zurückzukehren. Und welche Fülle von Gedanken über Literatur, Musik und Malerei! Ebenso wie der Briefwechsel Goethes und Schillers typisch deutsch ist, so ist der Briefwechsel Malvidas und Rollands französisch. Im ersten herrscht pflichtmäßige Ordnung, ein idealistisches System, im letzteren — Grazie, Esprit und Charme. (Wie kennzeichnend, daß diese unübersetzbaren französischen Worte allgemeines, europäisches Kulturgut geworden sind.) Auch die ernstesten Fragen werden mit einem Lächeln behandelt, mit der Leichtigkeit eines Schmetterlings, der von der Blüte eines Gedankens zum anderen fliegt. Romain Rollands französischer Esprit wird hier durch die Mütterlichkeit Malvidas glücklich ergänzt. Sie bittet in ihren Briefen ihren Freund unablässig, von sich zu sprechen, „das liegt mir mehr als alles andere am Herzen, denn ich habe Sie unendlich lieb". Und sie schließt ihre Briefe mit dem mütterlichen Satz: „Ich liebe Sie zärtlich — Rolland" — „Ich liebe Sie von ganzem Herzen." Später übernimmt auch er das edle Schlußwort seiner großen Freundin.

Briefe durchleuchten unser Leben mit einer der zartesten Freuden, die immer mehr dahinsiecht. Der wahre Brief, der mit dem Bericht nicht zu verwechseln ist, ist ein impressionistisches Dichtwerk sui generis, ein Zwiegespräch mit dem in der Ferne oder auch in der Nähe weilenden, dem Herzen teuren Menschen, dem man aus Furcht vor Lautsein mündlich das nicht sagen kann, was sich leicht in Schriftzeichen fügt. In den „Memoiren des Sylvester Perkons" des großen lettischen Dichters Konstantin Raudive, in denen Briefe und Kultur der Innerlichkeit eine bedeutende Stelle einnehmen, lesen wir:

„Menschen, die keine Briefe gewechselt haben, kennen einander nicht." Den unersetzbaren Wert, den Mikrokosmos eines Briefes habe ich erst begriffen, als alle an mich geschriebenen Briefe — und manche von ihnen wollte ich ins Grab mitnehmen — in Feindes- und Feuersmacht gefallen sind. Erst jetzt weiß ich es, wie nackt die Seele ist, die im Winter der Vereinsamung, in der nächtlichen Einöde der Armut sich nicht mit den Kleinodien einst erhaltener Briefe schmücken kann.

Der Brief ist der Besuch eines geliebten Menschen, den man ungern in Gegenwart eines Zufallsbekannten empfängt. Beim Lesen eines Briefes, ebenso wie bei einem Gespräch, ist „der dritte der Kork, der verhindert, daß das Gespräch der zwei in die Tiefe sinkt". Heute behauptet man bisweilen, daß in unserem Zeitalter der idealen technischen Verkehrsmöglichkeiten und Nachrichtenübermittlung das Briefschreiben überflüssig geworden sei. Wie oberflächlich ist diese Behauptung! Goethe und Frau von Stein haben während des größten Teils ihrer Freundschaftsepoche in einer Stadt gewohnt, und sie haben miteinander mehr als tausend Briefe gewechselt. Sie gehörten nämlich noch zu den Glücklichen, die das Wort Entseelung nicht kannten und für die gegenseitige menschliche Beziehungen ein immer wieder zu lösendes, unlösbares Rätsel waren.

Wer auf einen von Berechnungen freien, von Sympathie durchwebten Brief nicht antwortet, leidet an Seelenvertölpelung.

Je tiefer der Mensch sich vor der Freude und dem Schmerz seiner Mitmenschen neigt, je entwickelter sein Innenleben, je biegsamer und schmiegsamer sein Geist, je weniger ihn Existenzsorgen erniedrigen und versklaven, desto entwickelter ist die Kunst des Briefschreibens, die auf einer Höflichkeit des Herzens beruht. Wie man durch Gelehrsamkeit nicht ein wahrer Dichter werden kann, so gibt es auch keine allgemeingültige Regel, wie man einen Brief schreiben soll. Seine Wesenhaftigkeit beruht auf dem Charme der Persönlichkeit. Allerdings: je älter das Kulturerbe, das jemand in sich trägt, desto mehr ist er dieser Kunst aufgeschlossen. Höhepunkte der Kultur sind immer mit der Kultur des Gesprächs und Briefeschreibens verbunden. Wie lebendig tritt Cäsars Zeit vor uns in den Briefen Ciceros, der von sich selbst bekennt: „Nicht in meinem Kopfe, in meinem Gemüt ist die große Gewalt, die mich entzündet und dahinreißt."

Wie arm wäre für uns die Vorstellung der Renaissance ohne die Briefe des Erasmus von Rotterdam!

Die Gestalt der Marquise de Sévigné überstrahlt das 17. Jahrhundert. Es ist eine einmalige Erscheinung, daß eine Frau nicht durch ihre Dichtwerke, nicht durch ihre Rolle im öffentlichen Leben, nicht durch ihr Verhältnis zu berühmten Männern, sondern allein durch ihre Briefe in die literarische Unsterblichkeit eingegangen ist. Sie bannte in ihre Briefe den Zauber des Zwiegesprächs: es war, als plaudere sie geistvoll mit einem Gast am Teetisch. Anderthalbtausend Briefe sind von ihr erhalten, in denen sich das alte Frankreich en miniature spiegelt. Das Eigenartige an diesen Briefen ist, daß sie nicht an einen Geliebten, sondern zum größten Teil an ihre vergötterte Tochter gerichtet sind. Als echte Französin allen Sinneseindrücken offen, erzählte sie lachend und fröhlich von den kleinen und großen Ereignissen ihres Lebens. Ihr scharfer Verstand — sie las mit Vorliebe Tacitus, Pascal und andere Moralisten — bildete einen festen Hintergrund für ihre lockeren Plaudereien. Mit wenigen Worten versteht sie Menschen zu porträtieren, in abgerissenen Sätzen eine Begegnung zu schildern, überall spürt man ihren persönlichen Charme und ihren weiten Horizont.

Es gibt zweierlei Briefschreiber: solche, die ihr eigenes wie auch das Gesicht des Adressaten spiegeln, und wiederum solche, deren Briefe Monologen vergleichbar sind. Zum ersteren Typ gehört die an Einfühlung reiche Marquise de Sévigné, zum zweiten — Voltaire. Das 18. Jahrhundert Frankreichs erhält sein Sinnbild in der Person Voltaires. Heute ist der größte Teil seiner Werke veraltet; doch die Briefe des sarkastischen Idealisten besitzen noch immer einen ungeheuren Reiz, denn in ihnen hat er ein vorzügliches Porträt von sich selbst gezeichnet.

Oft sind Briefe die notwendige Ergänzung zum Werk eines Dichters, der Geheimschlüssel zu seinem Werk. Wer würde es wagen, zu behaupten, er kenne Nietzsche, ohne die Briefe dieses Philosophen, besonders die an seine Freunde, studiert zu haben.

So sind wir beim 20. Jahrhundert angelangt. Allgemein meint man, unser Jahrhundert sei brieffeindlich gesinnt, über den Brief, dieses seelenvolle Wesen, sei bereits das Todesurteil gefällt. Ich lausche in die schaurig kalte, verödete und dennoch geheimnisvolle Welt hinein, und über Trümmer und Einöden hinweg erreicht mich die sanfte und doch starke Stimme Rainer Maria Rilkes, die 1926 den engen Kerker des Körpers verließ. In den elfenbeinernen Turm seiner Abgeschiedenheit eingeschlossen, hielt er Wache, damit das Zarte und Unaussprechliche nicht zertrümmert werde. Von den wenigen deutschen Dichtern, die die Wechselwirkung deutscher und französischer Kultur in sich austragen, ist er der hervorragendste. Sein Geist war so weit, daß er in leidenschaftlicher Ehrfurcht sich vor Paul Valéry beugte, bei dem selbst der Atem des Gedichts durch strenge Zucht geregelt ist, und andererseits eine Pilgerfahrt zu Tolstoi, dem Zertrümmerer europäischer Ordnung machte. Sein diamantener Geist zerschnitt die Glaswände der Sprachen, die die Völker voneinander trennen. Aus den Gebirgen fremder Länder suchte er sich die Edelsteine heraus, die er in den goldenen Rahmen seiner Weltschau fassen konnte: Elizabeth Brownings Sonette klingen in seinen Übertragungen fast anmutiger als im Original. Mehr als in seinen Erzählungen, mehr als in seinen Gedichten, ist Rilke in seinen Briefen, dem vollklingenden Beispiel moderner deutscher Prosa, unsterblich. Zart, fest und ausdauernd wie die kleinen Spitzenstücke, die er so wunderbar in den Aufzeichnungen des Malte Laurids Brigge beschrieben hat: „Da kamen erst Kanten italienischer Arbeit... Dann war auf einmal eine ganze Reihe unserer Blicke vergittert mit venetianischer Nadelspitze, als ob wir Klöster wären oder Gefängnisse. Aber es wurde wieder frei und man sah weit in Gärten hinein, die immer künstlicher wurden, bis es dicht und lau an den Augen war, wie in einem Treibhaus... Plötzlich, ganz müde und wirr, trat man hinaus in die lange Bahn der Valenciennes, und es war Winter und früh am Tag und Reif. Und man drängte sich durch das verschneite Gebüsch der Binche und kam an Plätze, wo noch keiner gegangen war." Kein Kritiker hat je vermocht, die Eigenart, die Beseeltheit, die edle Arbeit, den Prunk und die Empfindsamkeit Rilkescher Sprache so anschaulich zu charakterisieren.

Von gewissen Jahren an hat Rilke einen Teil der Ergiebigkeit seiner Natur in Briefe geleitet. Seine zweitausend hinterlassenen Briefe umfassen heute mehrere Bände. Als unter der Einwirkung des Krieges eine „Periode der Dürre", wie Rilke sie selbst genannt hat, einsetzte, entwickelte sich immer mehr und mehr der Brief zum selbständigen Kunstwerk — zum Essay, der ja seinem Wesen nach ein vollendeter Brief ist. Er schrieb meist früh am Morgen, diese Beschäftigung war für ihn eine der wichtigsten Angelegenheiten des Tages. Er ging zum Adressaten zu Gast, demütig und fromm, nach innen gekehrt und still, wie der Gläubige zur Frühmesse oder Beichte. Den Empfindsamen und Heimatlosen, die trotz ihrer Gotteskindschaft einsam sind, hat er, dem sein Vaterland früh zu eng geworden war und der zur ewigen Ruhe — wie symbolisch! — in der Schweiz einging, wegweisende Worte gesagt.

Im Wirrsal des zweiten Krieges starb Romain Rolland so einsam, daß selbst Freunde nichts Näheres über das Datum seines Todes erfahren konnten. Im gleichen Maße als Voltaire der Ausdruck des 18. Jahrhunderts geworden ist, im selben Maße war Romain Rolland der Ausdruck des 20. Jahrhunderts. Beide sind sie im gleichen Maße französisch und allgemein-menschlich, beide schrieben sie nicht für ihr Volk und Zeitalter, sondern für die Menschheit und Ewigkeit, beide fühlten sich verantwortlich für die Geschehnisse in der ganzen Welt. Heute kennt man Romain Rolland am meisten durch seine Romane und Biographien, doch der Tag ist nicht fern, wo er durch seine in alle Welt gesandten Briefe auferstehen wird. Ein Brieferlebnis ist für ihn in früher Jugend entscheidend. Als er zwanzig Jahre alt ist, ergreift ihn mit tragischer Tiefe die Hamletfrage — Sein oder Nichtsein. In der Not seines Herzens schreibt er Tolstoi, dessen mächtiges, trutziges Haupt damals ganz Europa überragte. Und Tolstoi antwortet dem unbekannten Studenten. Nicht der Inhalt des Briefes an sich beeindruckt Romain Rolland in so großem Maße, als die Tatsache, daß der berühmte Dichter ihm antwortet. Dieser Brief, den er am 14. Oktober 1887 erhält, erweckt, stärkt und befestigt in ihm für sein ganzes Leben den Glauben an die Größe des Menschen, legt ihm die Verantwortung auf, allen Unbekannten zu antworten.

Wenn Tolstois Antwort ein Wunder war, so hat dieses Wunder unzählige andere gezeugt. Romain Rolland hat in seinem späteren Leben, als er schon der Sprecher Europas war, auf alle an ihn gerichteten Briefe hilfreich verstehend geantwortet, und was das schier unbegreifliche ist, meist eigenhändig, mit einer feinen, festen Schrift, die an Noten erinnert und in der Buchstaben, die dem Kerker der engen Realität zu entfliehen scheinen, Flügel bekommen. Wie blaue Vögel sind diese Briefe in alle Länder geflogen und haben so manche eingekerkerte Seele befreit. Und als es auf Erden nirgends mehr einen sicheren Zufluchtsort gab und Gott nirgends mehr sicher war als nur in den Herzen der Menschen, haben diese blauen Boten in der weiten Welt eine unsichtbare Republik geschaffen — die der freien Geister. Wenn in einer Stadt, in einem Dorf sich zufällig zwei Menschen, Bürger dieser Republik, befanden, durch die blauen Vögel ohne Treueid verbrüdert und vereinigt, so fanden sie einander nach einem unergründlichen, geheimen Gesetz. Dieses habe ich selbst in meinem Leben mehrfach erfahren. Wenn in der Einöde der Fremde mir jemand brüderlich die Hand entgegenstreckte, so war es meist ein Bürger der unsichtbaren Republik Romain Rollands.

Wenn einmal all diese Briefe gesammelt und publiziert sein werden, wird man wissen, daß es auch während des zweiten Weltkrieges noch Menschlichkeit und Innerlichkeit gab und dieses scheint schon heute wie eine Legende.

Der Bruder des Briefes ist das Zwiegespräch. Was für den Körper der Spaziergang, das bedeutet für den Geist das Gespräch; doch einen guten Gesprächspartner zu finden, ist heute noch schwerer, als einen vollendeten Briefschreiber. Denn Reklame und Propaganda sind die Würger der intimen Seele des Gespräches. In der Freudenskala nimmt das Gespräch eine der höchsten Stufen ein.

Sokrates verscheuchte die grausigen Schatten des ihm zugesprochenen Todesurteils durch ein Gespräch mit seinen Jüngern. Weckte man mich mitten in der Nacht mit der Nachricht, daß irgendwo weit ein Virtuose des Gespräches mich erwarte, stände ich mit Begeisterung auf, weder Müdigkeit noch ein weiter Weg, noch Kälte würden mich zurückschrecken.

Wie durch Reimen noch kein Gedicht entsteht, so durch Sprechen noch kein Gespräch. Das Edelste wird bisweilen so sinnlos zerschwatzt, daß man sich vor den Worten der Menschen fürchtet. Das Schwatzen mancher erinnert an eine ausgespielte Grammophonplatte: hundertmal Gehörtes wird fade, flau und falb wiederholt. Dann gibt es wieder Menschen, die wie mit einem Knüppel dreinhauen, daß man fast physischen Schmerz empfindet. Auch gibt es solche, die fremde Torheiten wiederholen und von ihrer eigenen Dummheit entzückt sind. Im idealen Zukunftsstaat wird man vielleicht Gedanken- und Stimmungsmörder bestrafen. Ich persönlich habe immer die größte Angst vor ihnen gehabt. Doch es gibt auch Gedanken- und Stimmungswecker. Sie sagen nur ein leises Wort, heben die Hand oder lächeln und alle Gedanken-Knospen entfalten sich.

Der Gedanke ist dem Saatkorn vergleichbar. Um seine volle Keimkraft zu entfalten, braucht er fruchtbare Erde, Geruhsamkeit, Wärme, Wind aus dem Süden — alles das, was ein wahrhaftes Gespräch enthält.

In den Kerker des Alleinseins eingeschlossen, ohne Widerhall verwächst der Gedanke, wird schief und krumm, nur durch die Wechselwirkung des Verständnisses erblüht er zu voller Pracht. Schon Lin-Ju-Tang hat, die alte Kultur Chinas bezeugend, das verständnisbeseelte Gespräch gepriesen.

Müßte ich die seligsten Augenblicke meines Lebens

nennen, in denen ich am intensivsten gelebt habe, so sind es meine Gespräche nicht nur mit den Bergspitzen Europas, mit Romain Rolland, Gundolf, Sillanpää, Rainis, sondern auch mit manchen anderen, deren Namen in der Öffentlichkeit nicht bekannt sind, doch deren Geist biegsam, ehrfürchtig und scharfsinnig war und deren Worte und Schweigen auf mich wie guter Bohnenkaffee wirkten: die Erdenschwere schwindet dahin, jeder Nerv ist lebendig und gespannt, jeder Sinn belebt, jede Seelenzelle bereichert, man wird von einem leichten Rausch gewiegt und das Leben selbst wird zur Freude. Jeder von uns kann eine Reihe berühmter Pianisten und Geiger nennen, nur selten jemand einen Seelenspieler. Bei einem beseelten Gespräch ist einer der Partner das Instrument, der andere ein virtuoser Spieler, beim schönsten Gespräch aber weiß man nicht, wer der Spieler und wer das Instrument ist.

Der Mensch birgt unheimliche Widersprüche in sich: in seinem Innern wohnen Gott und Satan. Wie böse der Mensch auch sei, so ist er doch das einzige Wesen unter aller lebenden Kreatur, das die Fähigkeit besitzt, Musik und Bücher zu schaffen.

Den Sieg des Geistes über den Körper, den Sieg des Guten über das Böse, des Innerlichen über das Äußere, des Schönen über das Häßliche, nennen wir Kultur. Sobald in diesem Kampf die Front durchbrochen wird, geschehen unbeschreibliche Bestialitäten. „Alles ist nur eine Quintessenz von Staub" — sagt Hamlet und alles wäre auch nur Aschenstaub, wenn hin und wieder nicht jemand erstände, der uns diese und andere ewigen Wahrheiten ins Gedächtnis zurückruft.

In unserem Zeitalter, in dem es wieder einmal zum Zusammenstoß von Kultur und Barbarei gekommen ist, tut es gut, auf die Frage zu antworten: wer besitzt wahrhaft Kultur?

Kultur besitzt, wer seine Muttersprache ohne Fehler spricht und wenn nötig, Fremdsprachen erlernt. Nicht das Schreiben und Lesen ist das Wichtigste, sondern daß das Fremde mit dem Herzen verstanden wird. Kultur hat, wer mit Shakespeare englisch, mit Pascal französisch, mit Dante italienisch, mit Dostojewskij russisch, mit Goethe deutsch ist und dennoch sein eigenes Selbst, die Urverbundenheit mit seinem Volk nicht verliert. Nicht wer alles Fremde, alles Ausländische wahllos bewundert und es sich kritiklos aneignet, auch nicht der, der in Selbstdünkel und selbstgefälliger Harthörigkeit alles Fremde von sich weist oder blind daran vorübergeht, sondern wer aufmerksam beobachtet, vergleicht und wertet und schließlich nur das sich aneignet, was seine Eigenart steigert, läutert und ergänzt, besitzt Kultur.

Der Kulturmensch nimmt von seiner Umgebung jeweils nur so viel an, als er wiedergeben kann, und empfindet für das Empfangene tiefe Dankbarkeit. In diesem Sinne ist Kultur Verpflichtung zu Dank und Wechselwirkung. Auch allein und in der Abgeschiedenheit verhält sich der Kulturmensch, als befände er sich in auserlesener Gesellschaft.

Im übermächtigen Schmerz versucht er durch geistige Hochspannung und schöpferische Arbeit, durch ein Gefühl der Verbundenheit mit der ganzen Menschheit sich vor dem Zusammenbruch zu retten. Ein Höchstmaß an Selbstdisziplin ist seine Tugend. Auch im Traum und im Rausch, in Elend und Verwirrung hält er Wort und erinnert sich daran, daß Gott den Menschen nach seinem Bilde geschaffen hat.

Wir leben in einer Zeit, wo man nicht nur den Besitz, sondern auch die Seele zu enteignen bemüht ist. Ich aber schreibe diese Zeilen, um unter den verkohlten Balken des Hasses die letzten, schwer auffindbaren Edelsteine der Liebe und Güte hervorzusuchen, die dem alten, ewig bedrohten, doch unzerstörbaren Ideal der Menschlichkeit treu bleiben. Vielleicht ist dies Don Quichottismus? Was liegt daran? Don Quichotte war ein ehrenwerter und unsterblicher Mann.

Vielleicht müssen wir an den Japanern ein Beispiel nehmen. In den höchsten Schichten der japanischen Gesellschaft ist es von alters her üblich, im Augenblick, da der Tod naht, ein Gedicht zu schreiben, der Welt Dank und Lebewohl zu sagen, um durch innere Überlegenheit zu beweisen, daß der Tod nur den Körper und nicht die Seele bedroht.

Auch der Verlust der Freiheit ist nur ein anderer Ausdruck für den Tod.

Alles in meinen Essays Gesagte und Ungesagte, alles in Freud und Leid Erlebte und Erlittene, ist in die drei Worte zusammenzufassen:

AMO ERGO SUM

INHALT

Wurzeln der Kultur: Ehrfurcht und Mitleid . . . 9

Vom Sinn des Schmerzes und der Freude 45

Das unlösbare Rätsel: Freundschaft und Liebe . . 115